Bible Word Search
Using King James Version

by HELEN JOHNSON

for Amanda

BOOK 2

© Helen Johnson

Autumn House, Alma Park, Grantham, Lincolnshire NG31 9SL
ISBN 1 873796 37 4
First published in 1994

BOOKS OF THE OLD TESTAMENT

GENESIS

EXODUS

LEVITICUS

NUMBERS

DEUTERONOMY

JOSHUA

JUDGES

RUTH

1 SAMUEL

2 SAMUEL

1 KINGS

2 KINGS

1 CHRONICLES

2 CHRONICLES

EZRA

NEHEMIAH

ESTHER

JOB

PSALMS

PROVERBS

ECCLESIASTES

```
N N O R B E R B M U A U H S O J N I K 1
E U M I A H U U E L E S E G E S E L C S
H O M S P O T A T 2 S A M U E L G H X A
E M U B D N H N I K C I N I C L E B O I
J Y H E E O T U V I C 2 S A G E N X D O
O O S R U R U E E N K S U D O X E X O U
S M B S T O S B L G I A B P P Z S A H E
H O R O E M A S 1 S A A R Z E W I T U Z
S N E P R O V E R B S C C 2 M A S 1 S A
E O S V O C 2 C H R O N I C L E S V E R
L H E O N H C 1 A M U E L E U M A S 1 B
C U L R O A L M S A S P R C N G S I K 2
I A C P M N E S I S I S N L S I S N I K
N S S O Y N E H E M I A H E E V E V N I
O O E B R E V O R U T L E S N E E B G N
R J G E R T S E O C R M M U E L M A S 2
H O D U S A H T S C Z S I S G N O R H C
C N U M B T G E S E T S A I S E L C C E
1 S J O S D U S O X E S T S A M P R O V
S G N E H M A S U C I T I V E L B O O J
```

BOOKS OF THE OLD TESTAMENT

SONG OF SOLOMON

ISAIAH

JEREMIAH

LAMENTATIONS

EZEKIEL

NAHUM

JOEL

AMOS

OBADIAH

JONAH

MICAH

HOSEA

ZEPHANIAH

HAGGAI

ZECHARIAH

MALACHI

DANIEL

HABAKKUK

```
I  K  D  A  N  L  E  I  Z  E  K  I  N  A  H  O  J  E  O  S
S  A  O  N  G  A  M  E  E  D  I  A  B  O  L  K  E  Z  E  A
A  N  I  A  S  M  I  O  C  A  H  A  N  G  G  A  H  E  N  I
I  I  H  I  R  E  E  J  H  N  A  C  A  H  C  I  M  K  I  H
A  E  A  O  J  N  A  H  A  E  I  A  C  M  A  H  A  I  E  A
H  L  G  S  O  T  P  E  R  I  M  I  C  A  E  S  K  E  L  I
A  A  G  G  I  A  N  T  I  N  E  E  L  E  O  J  O  L  O  M
B  O  A  T  H  T  S  E  A  T  R  Z  A  Z  E  O  H  O  I  E
M  O  I  C  A  I  M  U  H  A  E  H  M  M  A  N  A  C  A  L
A  M  E  N  T  O  I  H  A  N  J  I  A  H  U  A  A  S  O  O
L  A  I  C  H  N  D  A  B  O  B  A  D  I  A  H  A  C  I  J
A  H  I  O  N  S  M  I  H  A  I  M  O  B  A  A  K  U  K  E
C  A  T  N  E  M  O  N  T  A  T  O  A  B  K  K  U  K  U  L
H  S  O  N  G  A  N  A  H  O  J  S  O  M  M  A  Z  E  K  I
I  E  H  P  E  N  L  H  J  O  H  N  I  H  C  A  L  U  K  L
K  A  N  S  J  G  O  P  E  P  A  B  A  H  U  M  U  H  A  N
E  S  O  H  O  L  S  E  E  E  T  E  R  E  O  J  H  A  B  A
Z  H  M  O  L  E  N  Z  M  L  E  I  N  A  D  A  N  I  A  K
E  Z  E  K  L  I  O  I  A  H  R  A  H  C  N  A  H  P  H  E
S  O  N  G  O  F  S  O  L  O  M  O  N  A  I  R  A  H  C  Z
```

EXODUS 4:1-5 MOSES' ROD AND SERPENT

MOSES
ANSWERED
BEHOLD
WILL NOT
BELIEVE
HARKEN
VOICE

LORD
HAND
ROD
CAST
GROUND
SERPENT
FLED

FORTH
CAUGHT
BECAME
GOD
ABRAHAM
ISAAC
JACOB

```
F A N D E R E W N E K R A H A A C A M E
O C O B A R H A M S A C O E E L P E O P
R R I O B E T N E P R E S W E S O M S R
V O I C R O F S A C F L E I I J A O S E
O L O H A M E M A R B O C A J R O S E S
I K R A H T N I L L F O R H A V E E N A
C E N D A S E R V O I C D E R E W S N A
E R C B M A R A H R D E L I E V I M A C
D E A N S W E T E D L O O N D E L O J O
L C A S A C R A N E R A H A R S L S E B
O I S E N O D A D L T N E P S E N E N T
H T I W E M A C E B L E B E N W O R B A
B E C E M A C A F L D E U N D L T L A C
E N G O D T L U H C O M E N O D E L F U
H T R E O O I G T O D N U H A M A R B A
O Z O N E N W H R E W O S N A E R E D H
F O R T H O I T O O R R E D T O H A N T
L L N O T V O W T G H C A S E I S A A O
E H T R O S E S T S A N A H C A U G H W
B E L I E V E N O T L C L I W E R S N A
```

GENESIS 37:5-10 JOSEPH'S DREAM

JOSEPH
DREAMED
BINDING
SHEAVES
UPRIGHT
OBEISANCE
BRETHREN

REIGN
DOMINION
HATED
WORDS
ANOTHER
SUN
MOON

ELEVEN STARS
FATHER
REBUKED
MOTHER
BOW DOWN
ENVIED
OBSERVED

```
S A N E L E V E N S T A R S D O W O R P
U G N I D L I G H T G N I E R D E T A H
B O W O D E N V I A R T O M T H E R N A
O O I B M V P E O E R T H G I R P U O T
W N W S I N I N H I I E A M E D H A T D
D O M E N E O T G H N U H E R S R E H E
O W N R I V A H A T I G H T O J H P E T
W O E V O F T E D O M I N I O N U I R H
N R A E N C E A R P O D R E H M T O N A
N S E D O J O S E P H O E P U R I G H T
V D R R W O R E A M A M E K U B U K E V
I I E E D S O O M O O N E N U V I D E I
E N C A I E N V E D R I D E V B R E S E
D G N M I B I N D I N G B I N D E E E D
E D A S V A E H S M E D E R D I E R V H
I N S E E D E D E V A H N U O N E G A E
V I I V N E R I V E R E U D O N G I E R
N B E A N O B S D E V R S U M I B A H B
E E B S W O T H E R A U D R O W R D S U
N R O H E R B R E T H R E N E R E B U K
```

EXODUS 14 PARTING THE RED SEA

MOSES

HAND

SEA

CAUSED

BACK

STRONG

EAST WIND

WATERS

DIVIDED

EGYPTIANS

PURSUED

HORSES

CHARIOTS

HORSEMEN

FLEE

RETURNETH

LORD

CHILDREN OF ISRAEL

DRY LAND

GREAT WORK

BELIEVED

```
H C A U S E D L H R E A R S I F O N E R
O A H R A H C E T E E S N E M E S R O H
D U N A T H H A E T E T E U G N O R T S
I D A S E A R R N U H T M T A C U S E D
V E D R G I I S R R E S R E T W N G I K
I E E F L E O I U N B L O R D A Y R R I
D N R T A W T F T E S S E O R P U O E N
E B D R A O S O R T T T H E T U W L Y G
D I E A E R G N E H U R S I E T P O R P
B E V N T K V E Y P G E A S A E E L F U
H L E E B A I R P U R N U E D N A L Y D
O V I E E A D D E R S T R R G D E I D E
R E L A N N E L T T O G C A L L S V E U
E D E H A D D I I A M N H L F D E W S S
S A B L E S R H H O E A I O L E S R A R
Y A Y V R E Y C H A R I O T S S R O U U
R R L E W S R S H C S T D E E U O K C P
D E T W O O O L N R T E S D N A H C U Y
B A C O R M N E E I A H N A W T E A R G
W G Y T I A N D N I W T S A E C A B D E
```

JUDGES 7:1-7 GIDEON AND THE 300

GIDEON   TEN THOUSAND   HAND
MIDIANITES   WATER   MOUTH
TOO MANY   LAPPETH   THREE HUNDRED
FEARFUL   BOWETH   DELIVER
AFRAID   KNEES   THINE
RETURN   DRINK   PLACE

```
H  I  N  E  D  B  O  U  T  H  R  E  E  H  A  N  B  O  M  M
T  H  H  A  N  D  E  T  H  T  D  I  A  R  F  A  O  U  I  O
U  T  A  U  T  E  R  U  R  E  R  H  T  E  R  A  W  D  D  U
O  G  I  D  E  O  N  I  E  P  I  T  H  E  A  A  I  H  I  T
M  I  D  I  W  A  O  T  E  N  N  E  L  U  I  A  P  P  A  L
A  T  E  R  O  I  E  E  H  P  K  P  R  D  N  N  A  S  E  A
T  H  W  O  B  E  D  R  U  A  A  N  I  I  E  T  L  E  T  P
N  I  R  U  T  E  R  T  N  L  T  A  T  M  A  O  O  T  E  P
K  N  I  H  T  E  D  A  D  E  N  E  O  T  E  O  L  I  F  E
F  E  A  D  V  D  N  W  R  I  S  U  O  H  S  M  T  A  U  T
N  U  M  I  N  N  E  A  E  I  U  E  M  O  S  A  N  E  L  H
I  T  L  B  O  A  R  L  D  E  O  I  E  U  L  N  N  E  R  E
R  E  H  O  M  S  E  T  R  M  H  E  O  N  I  Y  L  D  A  E
D  R  T  W  A  U  A  D  E  L  I  H  A  N  K  N  E  U  E  S
E  E  U  E  N  O  A  W  V  E  T  N  L  U  F  R  A  E  F  I
A  F  O  A  U  H  A  N  E  H  A  R  H  N  V  R  I  L  E  D
R  E  M  N  F  T  N  A  R  M  O  U  I  E  E  C  A  L  P  I
F  R  D  U  E  N  H  E  E  R  H  T  N  T  P  O  C  W  L  A
U  T  E  R  W  E  G  I  D  E  O  E  E  E  H  O  A  N  O  N
L  A  R  P  E  T  H  A  N  N  D  R  I  N  H  T  E  W  O  B
```

JUDGES 7:8-23 GIDEON AND 300

PEOPLE
VICTUALS
TRUMPETS
RETAINED
THREE HUNDRED
DELIVERED
FEAR

PHURAH
SERVANT
STRENGTHENED
GRASSHOPPERS
MULTITUDE
MIDIANITES
DREAM

BLOW
WATCH
SWORD
LORD
GIDEON
FLED
PURSUED

```
G R O U N D E L I V H A R U H A R U H P
R R P M U L T I T U D E D E U S U R E E
A E P U T E P L E P O E P O L B R O L O
S T E L T S E N O E D P U E E L O R U P
S E R T H W S E T R T H R R O O T N A L
H U S I R O D R O E D U S L O W A T C E
O T U T E R T L U M E G U H R E P O H S
P U N A I D I M I D N N E C U A L L U M
P D R A I M E N T D E E D T N A V R I I
E E E E V N O E D I H R N A I D I D E D
R U M P E R H P E T T T S W E D I G C I
S S A R G I E S R A G R E L F A E R D A
D E R D E L I S E T N A V R N M A E R D
I F E E O P L T V C E D A I N E R E E E
M L R H A A E R I A R G T R U S V S M N
F L S W U H P E L H T E P O H I A E D I
N S L T R U M P E T S L A U V I C U A A
A T C I D E U S D E R D N U H E E R H T
V I S T E T R U M P A N E H T H R E E E
V E R E G I D E O N R M A E D L F E A R
```

1 SAMUEL 18:1-9 DAVID AND JONATHAN

JONATHAN
DAVID
LOVED
SAUL
GARMENTS
SWORD
BOW

WISELY
MEN OF WAR
SLAUGHTER
WOMEN
SINGING
DANCING
THOUSANDS

TEN THOUSANDS
WROTH
DISPLEASED
ASCRIBED
KINGDOM
EYED
FORWARD

```
B T A N D S U O N E T H O U S A N D S W
V O B I R C S A S A E O U L A S N L D A
E M W I S E L Y M E N U M B E C A A V R
D E O R A W R O F O T S A N D U V E A D
J N M O Y W A R D B H D O M R I O R W F
O I E F L A I E T E O N E E D N G D R O
N S N I E R B O H D U A T E E N H T O R
A S A U S I N W A R S H G N I K I N T G
T I I A R A J O N C A R A G D R O T H H
H N I C A W E M N S N T N E M E N E F T
A G S H G N I C N A D I V D A T E Y D E
N A N D S S U O H T S L A U G H T E R R
C M E N O F W A R A G P L E A U L S W O
I E N O J O R Y E D E S A E L P S I D S
N N A N D E Y E A V I D R A D E L S I W
D T T H A N N D R A W R O F M E V A S L
R S O L I N I G P U L L W O R D V O P M
O R U G N I K I N G D O M R A W R O L O
W A R A G N I O M A S L T H G U A Y L D
S T N E K I N G D S T N E M R A G R A G
```

2 KINGS 5 NAAMAN'S LEPROSY

NAAMAN

CAPTAIN

KING

SYRIA

CAPTIVE

MAID

PROPHET

SAMARIA

RECOVER

LEPROSY

TEN TALENTS

SILVER

SIX THOUSAND

GOLD

RAIMENT

KING OF ISRAEL

AM I GOD

QUARREL

ELISHA

MESSENGER

WASH

```
A H S I A I R A M A S A I R M A S C A N
S A G O L D E L A T I E T N E M I A R T
H R E G N E S S E M L R E G E S L P A A
T G O D W A S I M A V S N E I T V C I L
E N L N E M S H A S E I T X E E A I D E
N K E A A I E O I E R T T N R P T V N N
T I A S H G N C T L S H M C T W N E A A
A T R U S O G E E Y O I E I A N E R H M
L N S A I D E R N U A R V S W I M R S A
E E I X I S R T S R Q E I A N A M A A N
N L F T O A M A Y S U O H T E T Q U A A
T A O H U N N S A M A S R R A P U Q W G
S Y G Q S D R Y S I I G O D I A M U A N
Y O N I N S S R V L E L A T E C A P S V
L I I I V E E P E E N T M E S O I I H A
E R K L E M N E R N G E Y H R A K I A I
P Y S O R P E L O I N V N P H S I L E M
R V C G L G E R C M I I I O E T N R R E
O E E A S I T V E A K T M R H P O S Y N
S R R E C O V E R I A C A P R O M E S S
```

2 KINGS 5 NAAMAN'S LEPROSY

JORDAN
SEVEN
RIVERS
DAMASCUS
RAGE
SERVANTS
PROPHET

GREAT THING
BE CLEAN
DOWN
DIPPED
FLESH
CHILD
GOD

ALL EARTH
ISRAEL
BLESSING
GEHAZI
TWO TALENTS
ELISHA
LEPROSY

```
G E H Z I A S E V N F L E S H O R P E L
R E P P I D E T N E L T W O W S E D S E
T R H A G A R E N R E A W N E T O R E A
H A T A K W V I A A S N D V E W E E V R
I A H I Z T S S M V V O I R N V L L E S
N E G S O I T R A N O R E V I B A R N H
G S N E I S N A N S W A E P E S T S N A
G N A V S L A E E B T E B S R E V I R Z
N S L N T E E L E H T R A E L L A H S I
I T E E N A F L G O D S S I N D B L E S
H V P G E R L A E L C H I C H I L D E U
T A R A L O E L D G N I S H A P E V A C
T N O E A S S I N N Z A S I R P S E T P
A B S B T Y E H E I I R U L A E N V E E
E E Y C O A S C U S A S C P G D I S H D
R S E L W S H A E S H I S E H P O R P P
G G R E T A P T S E E H A D I P E X O I
D O W A M L O W V L G A M A O G J O R D
S U C N A E L C E B E C A N A P O R P A
E R T H D R O J S T N A D R O J A M A D
```

PSALM 100

MAKE
JOYFUL
LANDS
SERVE
GLADNESS
PRESENCE
KNOW

LORD
GOD
MADE US
PEOPLE
THANKSGIVING
PRAISE
THANKFUL

BLESS
GOOD
MERCY
EVERLASTING
TRUTH
ENDURETH
GENERATIONS

```
F  U  L  S  N  O  I  T  A  R  E  N  E  G  T  I  O  N  S  B
T  N  E  S  S  K  A  M  A  D  S  U  E  L  B  E  S  E  S  L
H  I  V  I  N  A  I  S  E  L  A  N  S  A  D  U  R  E  H  T
A  S  E  N  C  M  E  R  C  Y  E  V  I  D  K  S  R  N  A  H
N  E  R  L  E  O  P  L  E  R  O  W  N  N  R  V  F  U  L  A
K  N  L  R  Y  C  G  O  O  D  N  L  G  E  E  E  T  H  A  N
S  E  A  C  N  A  L  E  S  S  E  O  P  S  N  O  I  T  A  K
G  R  S  D  P  R  A  I  S  E  O  I  S  S  F  U  Y  O  J  F
I  P  T  R  U  T  D  A  N  N  G  I  V  I  N  M  E  R  O  U
V  E  I  S  S  E  L  O  R  D  O  J  F  U  L  H  T  E  Y  L
I  O  N  U  T  R  M  U  S  A  D  E  M  A  D  E  U  S  F  A
N  E  G  H  H  V  N  O  W  N  K  V  I  G  I  N  G  E  U  T
G  L  U  T  U  E  B  L  E  S  S  I  H  T  U  R  T  N  L  I
S  P  T  E  R  B  L  S  S  E  L  N  W  O  C  E  Y  C  U  O
S  C  H  R  T  H  S  A  N  L  A  A  N  D  S  S  L  E  B  N
E  N  R  U  R  T  E  O  E  P  N  K  O  W  A  D  E  O  N  S
D  E  T  D  A  R  K  S  R  O  R  R  N  I  N  G  N  I  V  I
A  S  U  N  G  L  A  A  N  E  S  A  O  O  G  E  S  A  I  A
M  E  H  E  N  K  M  A  R  P  R  I  W  O  W  P  E  O  L  R
P  R  E  S  E  N  C  E  V  R  E  S  T  I  I  S  E  A  R  P
```

BIBLE GEOGRAPHY

KEDESH   SARDIS   BASHAN
JORDAN   SHEBA   ARARAT
JUDAEA   PATMOS   ALEXANDRIA
LYDIA   OPHIR   GALILEE
HOR   JEZREEL   GOLAN
MESOPOTAMIA   DEAD SEA   NILE
CAPERNAUM   CARMEL   SELEUCIA

```
C  S  E  L  E  A  R  A  R  A  T  E  R  N  A  P  A  C  E  E
I  E  J  E  Z  R  E  E  L  R  O  J  E  N  A  D  A  R  D  I
A  L  I  R  D  U  J  A  E  A  N  S  N  R  E  P  S  H  E  A
I  E  G  O  L  C  R  E  E  L  H  I  A  I  E  H  L  Y  D  I
L  U  O  R  Y  A  L  E  X  E  U  J  O  R  D  I  O  S  E  M
E  C  L  D  D  R  A  A  B  M  E  L  N  E  D  R  E  A  M  A
L  I  A  A  I  M  G  A  L  R  T  A  M  I  E  I  A  R  A  T
A  A  N  N  K  E  D  H  S  E  U  S  I  L  A  H  S  E  D  O
N  I  L  D  Y  L  C  A  R  M  L  E  M  R  D  O  A  T  O  P
A  C  G  A  L  I  L  E  E  A  I  M  A  T  O  P  H  R  I  O
I  E  A  H  S  A  B  A  D  R  O  K  E  D  E  S  H  E  H  S
R  U  D  U  J  D  A  E  A  A  E  J  L  E  E  R  D  I  L  E
D  P  R  A  D  I  S  H  O  D  Z  A  E  S  D  A  E  D  I  M
N  A  S  E  S  R  H  X  P  I  E  L  E  S  C  I  A  A  H  J
A  T  M  L  A  A  A  A  H  A  Z  N  A  E  S  E  A  V  O  E
X  E  O  I  D  S  N  N  I  L  D  A  N  A  X  E  R  I  R  Z
E  K  S  N  R  E  X  R  R  E  Z  D  E  A  A  D  A  D  A  E
L  D  H  A  N  E  A  D  A  A  R  R  M  D  L  E  S  X  S  R
A  E  P  A  T  M  O  S  A  T  E  O  U  R  O  A  D  Z  E  J
H  S  B  E  A  A  T  P  O  M  E  J  C  A  G  A  I  D  Y  L
```

G's OF THE BIBLE

GOD	GRACE	GAVE
GODHEAD	GRACIOUS	GARDEN
GODLY	GOSPEL	GARMENT
GODLINESS	GLORY	GATHER
GOLD	CLORIOUS	GALL
GOOD	GLORIFY	GRAVE
GOODNESS	GLADNESS	GUILTLESS

```
S  E  N  G  O  O  D  L  L  A  G  T  G  U  I  L  S  S  E  L
S  N  S  U  O  I  O  N  O  L  G  A  T  H  E  C  A  R  G  E
E  Y  E  L  E  P  O  R  S  U  O  I  R  O  L  G  H  T  A  G
G  O  S  D  N  E  Y  F  I  R  O  L  G  R  O  L  G  O  R  Y
L  R  S  G  R  A  C  S  U  O  I  A  R  G  O  D  A  G  N  P
A  C  E  A  D  A  R  O  S  S  E  N  O  O  D  E  N  A  E  E
D  O  L  D  E  L  G  U  S  E  N  D  A  D  M  E  N  T  D  L
S  I  T  C  A  R  S  U  O  I  L  L  R  H  E  A  D  H  E  P
S  A  L  I  R  B  O  Y  F  I  R  I  D  E  D  E  N  E  P  S
E  U  I  O  U  I  O  U  N  N  E  N  E  A  G  L  O  R  O  O
N  I  U  U  C  A  V  E  N  A  R  G  O  D  L  Y  E  A  R  G
S  O  G  A  I  W  S  R  G  O  U  S  G  R  A  C  A  R  O  L
S  U  R  R  O  S  A  L  L  S  T  A  O  O  L  A  R  G  O  O
E  G  S  G  U  G  Y  G  S  R  N  N  O  O  S  R  O  O  M  R
N  R  I  A  S  G  R  A  E  P  E  L  S  L  E  P  G  E  D  Y
D  A  C  O  E  A  O  E  N  D  M  P  E  O  P  A  E  L  E  U
A  E  A  B  V  E  L  G  L  A  R  S  N  D  O  O  G  L  N  E
L  V  E  E  R  G  A  T  H  E  A  U  G  L  A  C  O  I  V  A
G  A  S  S  E  N  D  O  O  G  G  A  L  O  E  L  L  A  A  L
B  R  O  T  R  E  H  S  P  E  L  S  O  G  I  U  G  L  G  Y
```

WOMEN OF THE BIBLE

EVE   HAGAR   ELISABETH
MIRIAM   DINAH   PRISCILLA
SARAH   ZILPAH   SAPPHIRA
REBEKAH   TAMAR   RHODA
RUTH   ESTHER   JUDITH
RACHEL   MARY   ZIPPORAH
LEAH   MARTHA   LYDIA

```
E Z E B M A R T H A I D R E S T H H D L
V I I P O H A J T G A H A M A I R I M Y
H L D P U R A U U A T U R A R A H A I D
A P I G A H I D D R A T A G A O P P I Z
K A A A U R R I I E R A G A H R A H I I
E H A R A O A T T H A M A R T A S P I L
B A H N I D I H H A E A U T H H P I T H
P R H O D A L V E N V R J H T E B A Z A
R A C H L E T E L I S A B E T H R H A P
I C I L L R E H T S I M T V E R Y I L R
A A K V E E V A M A I H I P P O R C S I
R J U D T H I D L Y D I A R T H A N I D
I U Z I L T O P P I Z T H A R A M R I H
H D T E B S L E H E T S E U J D I T H I
P H A G A E R U A L L I C S I R P O T D
P T A M H M A R T A E K A H T E B G U Y
A I Z C A I M L I Z P A H A K E B E R A
S H A L E A R H A R O P P I Z I S V C I
I R L I R S T A R A M A R I H A V E I D
L B E T H A Z I L E A H O A L A P D P L
```

BOOKS OF THE NEW TESTAMENT

MATTHEW

MARK

LUKE

JOHN

ACTS

ROMANS

1 CORINTHIANS

2 CORINTHIANS

GALATIANS

EPHESIANS

PHILIPPIANS

COLOSSIANS

1 THESSALONIANS

2 THESSALONIANS

```
2  T  H  E  S  S  A  L  O  N  I  A  N  S  E  S  N  A  I  S
M  A  T  T  W  E  H  M  O  R  A  N  A  R  K  R  A  M  S  T
P  H  I  L  I  P  P  I  A  N  S  P  H  I  U  P  A  A  N  A
M  A  N  S  M  O  R  C  1  H  O  J  C  O  L  R  O  T  A  C
1  T  I  U  L  U  K  C  T  S  L  S  O  A  S  E  H  T  2  A
T  E  R  K  S  N  A  I  H  L  O  C  R  H  A  I  N  H  K  U
H  K  O  R  O  M  M  N  E  O  S  A  I  N  N  S  K  E  U  L
E  U  C  O  L  O  S  S  I  A  N  S  N  H  P  E  E  W  E  K
S  B  2  S  I  L  P  H  1  L  A  H  H  E  W  H  T  A  M  A
S  M  A  N  S  O  S  S  N  A  I  L  T  A  I  P  H  I  C  C
A  A  A  A  R  N  N  G  A  L  O  N  I  S  S  E  H  T  1  S
L  T  N  I  K  I  A  E  W  E  A  S  S  P  P  I  S  E  H  T
O  T  S  H  E  S  I  S  N  A  I  H  E  W  S  N  A  M  O  R
N  W  E  T  H  E  S  M  A  T  T  H  I  A  O  A  G  A  L  A
I  E  I  N  T  H  E  G  A  L  A  T  N  I  R  O  C  O  L  N
A  H  A  I  H  T  H  A  G  A  L  A  T  I  A  N  S  N  S  S
N  R  O  R  I  H  P  L  U  E  K  U  S  N  O  I  N  O  N  R
S  C  O  O  L  S  E  A  W  H  T  1  H  T  2  E  N  I  N  O
O  O  1  C  O  R  I  N  T  H  I  A  N  S  O  J  S  A  L  C
J  O  H  2  1  H  N  S  H  O  J  O  H  N  H  O  E  H  T  2
```

BOOKS OF THE NEW TESTAMENT

1 TIMOTHY	2 PETER
2 TIMOTHY	1 JOHN
TITUS	2 JOHN
PHILEMON	3 JOHN
HEBREWS	JUDE
JAMES	REVELATION
1 PETER	

```
P  H  I  L  T  I  S  U  T  N  J  O  H  O  U  D  E  H  O  J
H  E  U  D  S  W  E  R  B  N  H  O  J  1  R  B  E  W  1  O
A  N  1  T  I  M  O  N  2  J  O  H  N  J  O  T  M  I  T  2
M  O  P  E  T  R  E  J  A  S  E  M  A  O  3  T  I  M  I  O
E  I  E  H  E  B  M  I  T  T  H  Y  P  H  J  I  L  E  M  N
M  T  T  J  U  D  E  A  T  E  R  T  E  P  O  U  D  E  O  O
O  A  H  3  M  I  T  2  H  I  L  E  M  I  H  L  E  I  T  I
N  L  O  H  2  P  E  B  N  O  J  H  N  T  N  O  M  H  H  V
E  E  J  N  W  E  R  2  O  O  I  L  M  O  N  I  H  P  Y  E
S  V  3  J  S  E  O  J  1  N  O  I  T  A  V  E  L  V  E  R
R  E  H  O  W  J  3  O  T  E  E  P  1  V  E  3  U  R  O  F
M  R  N  S  E  3  J  N  M  I  R  H  1  N  H  O  D  J  2  R
A  T  H  Y  R  H  O  T  O  T  E  E  P  1  A  S  E  A  T  E
J  O  N  U  B  M  N  B  E  H  T  I  E  U  T  I  T  M  E  P
T  I  E  D  E  A  B  L  E  A  E  L  T  P  M  E  O  E  R  E
E  M  T  L  H  N  C  S  O  B  P  M  E  N  O  L  M  S  V  E
R  O  I  H  Y  I  U  E  O  K  2  P  R  T  E  R  I  Q  A  L
E  H  S  I  U  T  I  T  M  A  Y  H  T  O  M  I  T  2  T  I
P  J  A  M  I  E  M  E  S  T  I  N  B  E  W  U  1  U  N  O
2  S  E  T  T  S  M  A  J  U  T  O  H  R  S  S  D  J  E  U
```

MATTHEW 7:24-27
HOUSE ON THE ROCK AND SAND

WHOSOEVER
HEARETH
SAYINGS
DOETH
WISE MAN
HOUSE
ROCK

RAIN
DESCENDED
FELL NOT
EVERYONE
DOETH NOT
FOOLISH MAN
SAND

FLOODS
WINDS
BLEW
BEAT
FELL
GREAT
FALL

```
F L O E T H S I L G R E A L E W Y I N G
H E A W R E T H O D E D N E C S E D A W
T O L H D N A S C O B K L F T A W I S I
O D I L O E A A M E R T A E R G E W I S
E S S O N F S N T T D R O L E P I H I E
D O H O W O S U O H E F R T O N I W N M
N L I F E L T S N N H O J E D O H W G A
E F L O O D S E O O D O E S A E R G D N
S A G N I Y A O D T J L V U S N E V E E
N A M L L E F S U S E I E E N O A E D S
Y R E V E O Y L O T A S N H E Y T R C U
L R O C K U S E V H E H O J S R S Y E O
B E O W F D R E N O Y M R E V E H U N D
R V H C G B E A T L O A L T A V D O O L
A E Y E E S L E F L I N D S S E S U O H
S O I A R O O C K A E B L W E D E B L T
E S A Y I N G S L F N D I W N A N O O E
F O R H E T H E A R U F E L I S H F O O
O H E A R E T H E L F L D N A A D V I D
N W I S N A M T E A B T E A R I N G S W
```

MATTHEW 8:23-27
CALMED STORM ON SEA OF GALILEE

SHIP

DISCIPLES

FOLLOWED

GREAT TEMPEST

COVERED

WAVES

ASLEEP

AWOKE

LORD

SAVE

PERISH

FEARFUL

LITTLE FAITH

AROSE

REBUKED

WINDS

GREAT CALM

MARVELLED

MAN

WINDS AND SEA

OBEY HIM

```
S  L  E  E  R  E  B  U  K  E  D  E  F  E  A  F  R  A  M  A
F  O  W  I  N  D  S  A  N  D  S  E  A  E  V  O  C  E  P  O
E  R  G  L  O  W  E  D  L  L  O  F  S  T  E  L  M  P  E  B
A  O  R  F  A  I  O  T  H  I  U  A  D  I  R  L  A  E  S  E
R  S  E  W  A  V  B  U  K  L  E  I  N  S  G  O  D  I  H  Y
F  E  A  R  M  V  E  R  F  E  A  R  I  V  A  W  N  I  I  W
U  P  T  I  D  A  Y  L  R  O  L  A  W  O  K  E  R  E  P  I
L  I  C  S  E  W  H  C  O  S  L  P  I  S  I  D  V  E  A  S
P  E  A  S  L  E  I  E  T  R  Y  K  N  U  B  E  R  M  I  H
C  A  L  L  L  E  M  V  A  S  D  R  D  D  E  R  E  V  O  C
I  E  M  E  E  P  A  A  T  A  E  R  D  E  W  O  V  A  S  E
S  B  U  K  V  S  H  E  S  E  L  P  E  D  V  R  A  M  E  K
C  O  V  E  R  H  S  M  A  R  V  E  M  I  N  D  S  A  S  U
F  B  R  E  A  V  I  P  M  A  N  G  R  E  A  I  T  H  O  B
O  E  P  V  M  D  R  E  A  M  J  R  E  A  T  M  A  V  R  R
A  R  O  E  S  B  E  S  B  E  Y  E  S  D  N  T  I  W  A  E
L  D  I  S  C  I  P  L  E  S  E  S  E  L  P  I  A  Y  E  B
L  T  I  L  I  T  I  R  A  E  F  A  V  S  I  D  F  E  U  K
O  R  E  P  E  L  S  P  E  E  L  S  A  E  L  T  T  I  R  U
L  I  T  T  L  E  F  A  I  T  H  A  W  S  L  E  A  T  R  G
```

MATTHEW 10:1-4 TWELVE DISCIPLES

TWELVE
DISCIPLES
POWER
AGAINST
UNCLEAN SPIRITS
HEAL
SICKNESS

MANNER
DISEASE
SIMON PETER
ANDREW
JAMES SON OF ZEBEDEE
JOHN
PHILIP

BARTHOLOMEW
THOMAS
MATTHEW
JAMES
LABBAEUS
SIMON
JUDAS ISCARIOT

```
U E A B B A A G A I N S T I T E R T E P
S U N C A E N L G S R E T E P N O M I S
C N D R R W D N A C T W I S M A J M E S
A C P H T L R P I I B E Z T A M R E W E
R L H I H H E W T R D H A H T E A L S E
H E A L O E W E S A E T M O N O J A L D
J A M L L I P L T L E T E N O U O B A E
T N E I O A S E W E R A A N D R H B B B
O S S P M A N N E T E M M A S S I A B E
I P O W E P I P L R A B S W E R T E U Z
R I S M W L E A V E W I P L O M H U S F
A R N O T E A H E R S O P E E T O S Q O
C I P L H T T A M O N I E W E H M A B N
S T C D L B P Y A I C E U A B B A L A O
I S S I O E I R D S I C K N E S S J E S
S Z E B M Z L D I G M E D E R Z A S U S
A E S A E S I D S I A T T H E W N E S E
D V L E W T H O S I M O N B W S U H V M
U E V W T W P N C R E Z E B O U O E O A
J E L J A M E S I O W D W O P E Y S L J
```

MATTHEW 13:3-9
PARABLE OF THE SOWER

SPAKE

PARABLES

SOWER

SEEDS

WAYSIDE

FOWLS

DEVOURED

STONY

NOT MUCH

EARTH

SPRUNG

SUN

SCORCHED

WITHERED

GOOD

GROUND

BROUGHT

FRUIT

HIM

EARS

HEAR

```
N O O M D E V O U R E D Y K I M H C U N
Y P O C S U N A K E P S P A K E U R F O
W I T H E R E D R G A L A R A L B R O T
A R A D E R U O R N A W R P E L U R W A
Y I S Y A W W O F U T F A S E I P A L K
S E E E D S U D E H I O B D T S C O S E
I E H T I N T H G R O U L E A B L R A P
D U V E D R O U N S D E E R D E E A R S
E G O O G D O O D R S O S E E A S C O R
W A D R A R E N H P U N E U S T O N Y E
O W E L B A R A I S U W L P R P S W O R
F S H O F R U I M R O A R S P A U E L T
E I C H G U O G N U O U A I U R E W O S
A D R Y S I R H G N N A P D N A R O C S
R E O C R O C D O G V E D E D H S P O T
R H C E U U V E D B R O U Y N T W W R O
H C S N M I S V O S O N G A A R E A A Y
T T S T O E R O R G D O O W L A E P S N
R O O U R F E U G U O T H R A E T U I H
D N U G R O E S E E D S T H T I W R E D
```

21

MATTHEW 13:18-23
JESUS EXPLAINS PARABLE OF THE SOWER

PARABLE

SOWER

HEARETH

UNDERSTANDETH NOT

WICKED ONE

CATCHETH

WAYSIDE

STONY

ANON WITH JOY

RECEIVETH

NOT ROOT

PERSECUTION

OFFENDED

THORNS

CARE

WORLD

DECEITFULNESS

CHOKE

GOOD GROUND

BEARETH

FRUIT

```
E D K C I W A Y S I D E S N L U F T E C
E L C R O P T A D E D N E U Y N O T S H
L E A H T E E W O R L N D E D E F F O D
B H T T E R A E H D E D N E F F O I W E
T U C T A S O G O O D G R O U N D U E C
O F H O R E O Y T S O H R O H E N T R E
N O E N A C A R E I R C A R T F R U I I
H H T E V U I E C A L O S S E N F N O T
T E H W I T H A C H O K E R V E R O O F
E A H T E I V E A E C E R S I C U T I U
D E T R R O N O T T T A N D E T I R A L
N D A I E N O H C O K J O Y C K T U I N
A N O N W I T H J O Y O H T E T E R A E
T U S T O N R E Y R N H T E R A E H P S
S S E N R S L D O T O T V I E C L N A S
R R O O T W D L R O W E C A R F B A T S
E E N A O H T O R N O R G R O U A O O R
D D D B E A R E T H R H T E H L R Y W E
N N I U F R T C E S N R O H T L A O E D
U A W I C K E D O N E M O O R A P J R N
```

MATTHEW 14:22-28
JESUS WALKED ON WATER

STRAIGHTWAY

JESUS

DISCIPLES

SHIP

TOSSED

WAVES

WATCH

WALKING

SEA

TROUBLED

SPIRIT

FEAR

SPAKE

GOOD CHEER

IT IS I

NOT AFRAID

PETER

ANSWERED

LORD

BID ME

COME

```
S T R A I Y A W A T C H R A T R O U I I
A E S T R S E L P I C S N B L E D I T O
N S T R O U B L E D N S W E D I S I S S
S U R O U B L R T I W P I R I P S S I S
W O A E B U O E U E R F A R A I E E A E
D R I L I D F A R A I D I A R F A T O N
E T G B D I B E M E E K A W A W A L K I
R R H U M E D F M I B L O R T A A W E K
E O T O E W J E S U S O B C O M E A A L
W D W O H T W A Y I A R T S N O T T P A
R E A O S W A K I N G D I R I P I H S E
E L Y R I S D E I S H I R I S P E T E F
E B K N S H E N P R E T E P O R S P L C
H G L O R Y I D P D M O U T T L G U P H
C W A Y G H T I A F D I U E S A N O I E
D E W A L K I N G T I S P A K E I F C E
O R D O W D U O I R R L E I D H R O S O
O O E F E A R R R O P I E V E I D U I O
G O O D E E H C I U S T T L A C S I D G
D I S C T I R I P S E L P I S W A L K I
```

MATTHEW 14:29-33

PETER
COME
DOWN
WALKED
WATER
JESUS
WIND

BOISTEROUS
AFRAID
SINK
LORD
SAVE ME
IMMEDIATELY
STRETCHED

HAND
LITTLE FAITH
DOUBT
CEASED
WORSHIPPED
TRUTH
SON OF GOD

```
D W O W N E D A L E Y D E K L A W O R S
W O R A S I N N R E T C H S R O W U P L
A R W T D E H C C E A S E D R P A B E I
L S D E I H S M E V A V A S L I T T T T
K H D R O T T B A S T R E T C H E D E T
R I U T H I N I U T H A N U T S S T R I
E P P E D A D O A R B U O D R K E E S L
T P E P R F R U O U O D O U B T D P E D
S E E U R E A S P T E R S I O B O U B T
I D M H T L K J E H C O M B T U O D P F
O W M S I T T L E T I L M E D I A R F A
B U I L D T E T C S H S E D I M M E D I
O O T N S I I K G O U U G E M M I R H T
B L I T T L F A O T H S O N S E J V A S
Y S O N O F G O D N A H R A I D O N N E
P E I M M E D I A T E L Y L E W I N D M
I H S R O W O D I N K A W I C E W A L E
H A M T B U C E A S N V A O E O E V N V
S C O M E R H T U R I E T E D M M I A A
R O C K S T R E E T S C E L T T I I H S
```

MARK 1:29-31
PETER'S WIFE'S MOTHER HEALED

FORTHWITH

COME OUT

SYNAGOGUE

ENTERED

HOUSE

SIMON

ANDREW

JAMES

JOHN

WIFE'S MOTHER

SICK

FEVER

HIM

CAME

LIFTED

IMMEDIATELY

LEFT

HER

MINISTERED

UNTO

THEM

```
U O H U S E F H I M D R E W D N A F E L
E N T E R E D I C K S S U O H N O S I C
U A I N E R D E M M I R E W D N A F E O
G G I T F E V E R A C O M R I S T T T M
O U M E E H E M I C K H E M F L T H N E
G E M R V T S E N F I W M M E E R E E O
S R E N T O G U H G U E A F I F O M N U
Y E D C A M E N O U Y E D U N T F O R T
N D I J M S T T J L U E H T O M S E F I
A M A A E E H A E T R R E S E D E R E T
J O T N F F E T S E F I O U S E S U O H
M N E E T I A I T C T U O T N U E H T O
E M L S H W A S I O D F O R O G M I S U
S I Y R K C I T S E N A R E W O O M I T
Y S I E O N W E T I R S R D N G T I M E
N E A V I E O F H N P E T T E A R T O M
F M E M V F I M T I A M H S N N O U N I
O A P E T L E R I M U J I I O Y H O U S
R J S F O R T H W I T H M N I S T E R E
T F I L T E D H T I W K C I I S D B U G
```

MARK 2:1-12 PARALYTIC CURED

CAPERNAUM
MANY
GATHERED
NO ROOM
PREACHED
SICK
PALSY

PRESS
UNCOVERED
ROOF
BROKEN
JESUS
FAITH
FORGIVEN

SCRIBES
REASONING
ARISE
WALK
AROSE
GLORIFIED
GOD

```
P  A  B  R  O  K  E  N  E  N  O  R  B  S  E  B  I  R  C  S
A  I  O  N  A  M  O  O  R  O  N  R  C  S  U  I  V  E  N  C
L  N  O  V  E  R  E  D  W  A  L  N  A  E  B  I  R  A  E  R
C  A  P  E  R  N  A  U  M  N  R  E  P  R  E  P  E  S  R  P
G  A  A  T  H  E  R  I  U  L  P  O  E  P  O  R  A  O  O  R
P  A  L  Y  S  H  I  N  A  E  J  A  R  A  N  E  N  N  O  E
N  O  S  A  E  T  C  A  N  F  E  F  A  L  L  A  I  I  T  I
E  O  Y  I  V  I  R  O  R  I  S  A  I  S  Y  C  N  N  A  F
K  M  N  N  E  A  I  L  E  E  U  H  T  I  S  H  O  G  E  I
O  E  A  S  B  F  P  G  O  D  S  A  E  C  L  E  S  E  A  A
B  R  D  R  O  S  E  L  A  W  A  L  B  E  A  D  O  E  M  T
E  A  E  O  S  G  L  O  R  P  I  E  D  S  B  B  E  A  R  I
S  I  R  S  I  R  A  R  I  S  E  A  E  O  U  N  N  A  E  N
A  T  E  E  R  P  F  I  V  E  N  D  R  M  E  Y  V  E  V  G
L  H  V  S  A  C  H  F  I  N  D  M  E  A  C  S  I  C  K  S
K  E  O  C  R  A  D  I  S  D  E  U  H  E  P  G  N  N  C  A
R  H  C  R  L  P  R  E  U  I  I  F  T  R  N  A  K  I  N  E
O  T  N  I  E  S  E  D  S  E  R  I  A  M  O  O  N  L  U  R
L  A  U  B  A  M  O  F  E  J  O  L  G  O  E  S  O  R  A  A
G  G  R  O  F  O  R  G  I  V  E  N  O  N  R  O  H  T  I  W
```

LUKE 5:1-11 DRAUGHT OF FISHES

PEOPLE	LAUNCH	OTHER SHIP
WORD	LET DOWN	FILLED BOTH
LAKE	TOILED	SIMON PETER
TWO SHIPS	ALL NIGHT	SINFUL
WASHING	MULTITUDE	JESUS SAID
NETS	FISHES	FEAR NOT
THRUST	BRAKE	CATCH MEN

```
L A K P I H S R E H T O S T H C N U A L
U E N E A K E S O W T S I R A U N C A E
F E A R N O T H N H O J M T L A K K R T
I E L P E T E E E D E D O H C L E M B Y
S I A L R I M H H S I M N O M L T I E N
L E T E P H I L U E B S P I O N U T A W
U C T A C P A S P L R A E W G I D E K O
F M E T W O S I E R A I T I H G I G E D
N E A O W A O M O O K D E T L H A N R T
I C H I I S H S A W E N R U H T R I N H
S L T D L E W O D I G H T D N O B H I R
T I O F I S H E S I F I S W A E F S T U
A M B I N E H D W B I B O M H C T A H S
D B D F E S T U A O L D S E D R O W G T
E L E I L H G T S T T S F N T W O S H U
L E L L P F I I H E S E J I A R N H R K
I S L L O I N T L S E J I A S H I I U E
O S I W E S T L N E T S U H C H W O T A
T E F O P H L U F E A T O N J E U W A R
I T U D T L U M E P S P I H S O W T R B
```

LUKE 11:5-13 FRIEND AT MIDNIGHT

FRIEND
MIDNIGHT
LOAVES
JOURNEY
NOTHING
ANSWER
TROUBLE

CHILDREN
CANNOT
NEEDETH
SEEK
KNOCK
OPENED
FATHER

STONE
FISH
SERPENT
EGG
SCORPION
GOOD GIFTS
HOLY SPIRIT

```
E E P O S E R P E N T S A O S E V A O L
N O T H I N G E P I O N P O C S P N L B
E E K I N G T O N H I N G K K E E S E U
E G H N R G O O D G I F T S L R E W N A
D F O G E L O S A H T E N E O P S E V O
E I L S C O R P I O N I S H V E F R I R
T S Y E N A N I H T F T S A E A N O T T
H E S S E V A T O O G I F E T O N N A C
W H P G E G E A C I F S H I P L H T E D
E T I E R G R F A T H E R R O C K N F R
R S R A I E N E O P E O C K N E N E R E
B T I E S E N L P R K N O C P E G N I N
L O T R O U E B E E L B U O R T N O E D
E N O N N E Y E N E D E E N O H N T N L
O E R L E E W S E G N E E K C G A H D I
U E U B N L T E D E T E N H S I C M S H
R T B R D I O V E S T O P I O N D I M C
N D U L E H N O I P C O R R E D E D I P
E O L I H C H I L D R E N I R I I N O E
J O U Y E N R H T N I G H D I M R I P S
```

LUKE 14:15-24 GREAT SUPPER

BLESSED	EXCUSE	COMMANDED
BREAD	GROUND	HIGHWAYS
KINGDOM	OXEN	HEDGES
GREAT SUPPER	MARRIED	HOUSE
MANY	MASTER	FILLED
BIDDEN	ANGRY	NONE
READY	POOR	TASTE

```
Y R G A N I K I N G D O M D E L L I H S
S A T A S T E N P O X O D E I R R A M P
B D A E R A D Y O E D G E U G R E A O O
I E S B R E A D O G P P U S E G D E H X
D N R L A M A A N K I N U A E R G P D N
R E A E A E A E X C U O O B I E O O P E
A E D S N I K R O O P O U N O P M O S D
E Y A S C O M M R D E I R A E P R U O N
Y N A E W A Y I H I G D U S E U O H O U
B I D D E N D R I B R E A E O H U L F O
I I U U S E A R G R O D Y D S M O I I R
M A D F N X R A H D E N E R H U O U R G
A A R I D E N M W S A A M A S T C O E U
S M S L T D O M A K R M N G R Y E X O S
T N N L E B Y D Y I O M E M A R R I E E
E Y D E S A R B S N O O D E D Y E X O N
R N O D E B G R A M O C M A N N C U S E
B E R R O U N D U P P E R M A A N Y E D
L X G G R E A T S U P P E R M M A Y N D
E O S E D S E L B S E G R E A P P U S I
```

LUKE 15:1-7 THE LOST SHEEP

MAN
HUNDRED
SHEEP
LOSE
ONE
LEAVE
NINETY NINE

WILDERNESS
LOST
FOUND
LAYETH
SHOULDERS
COMETH
HOME

FRIENDS
REJOICE
LIKEWISE
JOY
HEAVEN
ONE SINNER
REPENTETH

```
S H O U F R I E N D S R E D W I L S E N
I W E K I T E L I K E W I S E A M O H E
N I N E D N U H T H T I E R C J O N U E
R L O T S E P M E N D L O S I E J F N D
E D R R E P E N T E T H W O O R O U D Y
N E F R I E D S H O U E D L J R Y S R N
N R O O M T J O N C O M H T E U M N E I
A N I S R E N N I S E N O E R S E E D N
H E A V E N I E N D E R L U O A L T R E
E S I N O H S U L D E R S N H T E Y A L
A S H O U L D E R S V E N N E P E E H W
N H T E R E P H U N D E R D A I W E K I
E U E A L S T O N E M O N E V O I E C O
V N Y V O E A M X O J U E R P E E H S Y
H D L E M A V E C Y O C E S I W O Y E C
U E A O E R F O U F E A V E T H E H T E
E R C E T E O U N D R E D H T E N O C A
S D A R K K U O S T S O L T N E V A O V
O N E M A I N L E A V N I A T N U O M E
L E A V E L N I N E T Y N I N E D L I W
```

JOHN 8:12-32 LIGHT OF THE WORLD

LIGHT	JUDGEMENT	UNDERSTOOD NOT
WORLD	FATHER	LIFTED
FOLLOWETH	NEITHER	YE KNOW
NOT WALK	KNOW ME	TAUGHT
DARKNESS	TEMPLE	DISCIPLES
RECORD	SEEK	TRUTH
TRUE	WORLD	FREE

```
T A R U T H O W K E Y G H T D L R O W L
A T H N A K N O W M E E M R E W R O N K
U N D D E R S E O D K W O R R L D A E L
G D T E M E T R N O N W U N D E P K R A
S I E R D R A R K T O O O D I L M M A N
E S E S R O W L O F W R O E Y P E L E O
K C M T O E T H E A P L L T R U T H R T
D I O O T S H G U T L P L F C I P I D U
O P P O R L G A L H E F D I S P I C R T
O L L D A R U T I E N R L L A N D E O R
H E E N O W A A G R K E O C I P L E C T
T S G O U R T G H T E D W Y E F D A E H
E W I T G H T U G R R A N E I T H E R G
W O L L A T H A F A F R A N C E I T E D
O R L D S S E N K R A D A R T R U E H U
L M R H N K R A D E T L N O T H N O T J
L E T S E L T U H T U R H T A D G A F N
O A E E I A J O R D W O O I L I F I I E
F V S G H T U R N O T W A L K C I P L N
E E H U J U D G E M E N T U D G M E N T
```

ACTS 5:1-5 ANANIAS AND SAPPHIRA

ANANIAS
SAPPHIRA
SOLD
POSSESSION
KEPT BACK
PART
BROUGHT

LAID
APOSTLES' FEET
SATAN
FILLED
HEART
HOLY GHOST
CONCEIVED

NOT LIED
MEN
GOD
FELL DOWN
GREAT FEAR
THEM
HEARD

```
S  B  E  S  T  E  E  F  S  E  L  T  S  O  P  A  A  S  O  P
S  K  I  B  P  K  I  E  A  L  O  S  T  T  O  P  T  A  O  A
E  C  A  L  T  L  D  E  T  H  D  N  E  L  P  S  A  S  I  R
S  A  N  A  L  P  E  T  A  R  I  E  E  M  A  N  S  R  E  T
S  N  I  E  S  E  I  L  N  A  P  M  F  A  R  E  E  R  G  E
I  A  D  L  H  E  A  R  D  A  C  O  L  H  S  H  D  R  R  A
O  A  E  H  R  T  D  E  V  I  T  N  A  S  R  B  T  A  E  M
H  O  L  Y  G  H  O  S  T  E  C  A  I  G  U  O  H  E  A  C
A  L  M  E  H  O  R  B  A  C  W  O  D  A  I  L  E  T  T  O
R  D  E  R  I  R  E  A  G  O  N  R  I  I  A  B  M  T  F  N
T  S  A  P  P  T  I  S  O  L  E  O  A  D  C  I  S  S  E  C
N  W  O  D  L  R  V  A  D  A  A  N  T  P  K  O  N  O  A  E
W  T  E  P  S  A  F  P  P  I  R  E  N  L  T  P  E  K  R  I
O  E  R  J  A  E  T  D  R  F  I  H  R  O  I  O  S  C  A  V
D  E  L  L  I  H  U  H  E  I  H  A  I  S  S  E  S  A  I  E
L  N  E  M  G  J  A  I  L  L  P  K  C  D  A  B  D  B  L  D
L  S  A  U  O  H  O  A  S  O  P  E  L  T  P  E  T  T  L  E
E  A  O  N  C  N  N  T  A  S  A  O  E  L  L  D  E  P  O  W
F  R  S  T  A  N  A  N  I  A  S  F  N  O  C  I  M  E  H  P
B  R  O  T  H  G  H  E  A  S  D  O  O  W  N  F  A  K  H  T
```

ACTS 5:7-11 ANANIAS AND SAPPHIRA

WIFE

NOT KNOWING

PETER

SOLD

LAND

YEA

AGREED

TOGETHER

TEMPT

SPIRIT

THE LORD

BEHOLD

BURIED

HUSBAND

CARRY

STRAIGHTWAY

YIELDED

GHOST

GREAT FEAR

CHURCH

```
K T O G E T H E R L O H E B R C U H C R
N E T H T S O H D E I R U E E A U W R A
O M G U S T R D N A B S U H E I Y I I E
W P R S T R G D E I B U R O R G A F T F
H T E D R E A T E T M P T L T H W E O N
O O A N A R R A C H E G O D S L O S N O
L N T A I I P E T E H T C A R R Y N K T
D G F B G T S P I L E R I T O T Y A O K
E H E H H E F I L O T R E W R I R R I N
D O A U T B O L D R E Y A A E R E H N O
W S R S W E A D L D P A I A A I E T G W
A T E B A H E A W T H G E Y T P G G N I
Y D U I Y D T E P U H U S B F S O T O N
E R E D L E I M E B U R I E D O W I N G
A D D E Y D T S T S O H F R R R E T E P
T E I M L E C H U R C H T S E E O E R I
B Y T P A E D G P O E P O O A Y T M T R
E E D G N R N A L E D N G L E E D E E T
Y E A R D G D E E R G A T D R G A B P I
L A N S U H E T U S K L H S U H B A N D
```

PSALM 121

I WILL

LIFT

EYES

HILLS

WHENCE

COMETH

HELP

EVERMORE

HEAVEN

EARTH

KEEPETH

BEHOLD

SLUMBER

SLEEP

KEEPER

SHADE

SUN

MOON

PRESERVE

GOING OUT

COMING IN

```
N  S  H  A  D  E  T  H  R  A  E  C  N  E  H  W  I  S  U  P
I  H  O  L  B  E  V  R  E  S  E  R  P  N  T  I  U  T  H  P
C  C  P  K  A  N  O  L  P  L  H  Y  M  I  E  N  S  O  I  E
A  O  E  L  N  R  V  G  O  E  S  U  O  O  M  M  L  I  L  R
S  M  T  E  G  E  C  O  H  T  E  C  O  M  O  U  P  W  L  S
T  I  H  P  E  A  W  I  F  T  A  D  N  E  C  L  L  S  S  E
O  N  R  E  L  V  O  N  H  H  H  E  P  L  E  W  H  E  N  R
U  G  A  R  A  E  O  G  L  O  E  P  E  H  T  E  M  O  O  V
T  I  E  O  S  N  D  O  O  R  A  K  E  E  P  E  R  R  V  E
I  N  Y  M  T  H  N  U  O  D  E  M  O  L  D  H  E  B  A  R
N  E  O  R  W  G  I  T  U  E  N  A  C  N  E  V  A  E  H  T
Y  Y  A  E  A  S  L  E  R  O  I  V  A  N  A  N  S  E  L  G
P  O  D  V  R  U  O  E  E  M  D  I  M  D  O  W  A  R  O  B
R  T  D  E  N  T  P  H  W  E  K  E  E  P  E  T  H  Y  F  E
E  R  K  L  A  F  O  M  U  S  A  C  A  E  Y  M  D  L  I  H
B  E  E  P  E  I  O  N  N  H  L  E  S  L  S  P  E  L  S  O
M  I  W  I  L  L  U  O  T  B  E  L  P  U  O  E  E  Y  E  L
U  H  T  T  E  I  R  R  T  I  R  W  L  N  H  E  N  H  Y  D
L  Y  E  H  Y  W  A  F  R  E  I  H  E  A  V  L  L  A  E  B
S  K  M  A  N  E  R  T  H  A  C  H  H  E  L  S  O  W  E  D
```

LUKE 15:11-24 PRODIGAL SON

CERTAIN MAN
TWO SONS
PORTION
DIVIDED
GATHERED
JOURNEY
RIOTOUS LIVING

SPENT
FAMINE
NO MAN
SERVANTS
BREAD
FATHER
SINNED

WORTHY
ROBE
FATTED CALF
SON
LOST
FOUND
MERRY

```
D  E  O  J  O  U  R  N  E  Y  R  T  H  Y  R  O  W  E  B  O
I  T  O  F  A  M  A  N  A  V  S  N  O  S  O  W  T  S  A  D
V  U  T  A  F  M  E  R  R  Y  R  T  I  O  M  E  G  R  R  Y
S  E  H  T  T  A  G  N  O  S  E  B  O  R  H  T  A  F  M  A
I  E  N  T  A  D  T  R  E  H  O  U  N  E  Y  H  T  E  A  D
N  R  R  E  M  N  A  E  T  R  O  W  R  T  H  A  H  O  N  N
N  O  U  D  O  U  V  A  E  S  C  A  L  A  T  H  E  F  A  U
E  N  N  C  P  O  R  F  A  T  O  N  O  M  R  A  R  E  M  O
D  E  L  A  C  F  A  I  M  A  L  L  E  A  O  B  E  A  N  C
H  T  A  L  F  P  E  N  I  V  E  D  O  O  W  N  D  N  I  A
T  S  O  F  E  S  E  R  V  A  N  T  S  H  Y  R  O  W  A  L
R  O  W  T  I  D  O  R  P  O  S  N  N  R  O  P  O  W  T  O
D  T  N  G  A  L  S  E  N  E  Y  O  O  J  R  O  E  B  R  O
A  O  U  L  D  I  N  E  M  A  F  M  M  I  R  R  N  T  E  T
S  W  E  A  N  I  A  R  B  R  E  A  R  O  T  T  O  I  C  N
E  O  E  M  M  D  U  O  L  C  I  N  E  V  I  R  V  I  S  E
R  R  T  A  A  F  A  T  H  E  R  A  V  R  E  S  O  N  E  P
B  T  F  N  E  D  R  E  D  A  P  S  E  N  T  N  E  P  S  A
R  I  O  T  O  U  S  L  I  V  I  N  G  U  O  J  O  N  W  T
N  E  N  I  M  D  I  V  I  D  E  D  T  T  E  D  O  N  W  T
```

LUKE 15:25-32 PRODIGAL SON

ELDER SON
SERVANTS
ASKED
MEANT
BROTHER
SAFE
ANGRY

FATHER
ENTREATED
YEARS
SERVED
TRANSGRESSED
DEVOURED
HARLOTS

SON
EVER WITH ME
ALL
HAVE
THINE
GLAD
ALIVE

```
C A L L U M E V A H K E D E K S A V E V
N O N T A E Y R A E T A F T H E R E L R
S A V E O D E S S E R G S N A R T O D J
O T H I N E A N I T S A E K I L S L E V
D E S E R V S T R A W Y G L A D U S R E
L V O U N O A E H F N W O L D E R O S S
E L A R E U V H E A I T I A N D L W O T
R I A E A R F U L T N V S B Y M T T N H
E V G M R E I T I H E W O L L E L I L E
D A L H T D A I G E E S T C I A H T H C
M E F T N E B S N R T Y R K H N O F L I
E S A I E N O S I H D V E A W T N O R D
H T I W I T N E A V E V R V E L D R E V
T N O R T R E S R Y T G N A R Y M E S S
O A R E I G N T G N A Y R G N A E H T O
R V R V E V S O V R E S E R T I V T R L
Y R K E R O A L L A R E S G H W E O A H
R E S D V S E R A N T D A E R T Y R A E
G S A F E T R A E A N E T H E O R B V A
A N L O T R A H L S E R V E D I N L A D
```

PSALM 136

THANKS
LORD
MERCY
ENDURETH
FOR EVER
WONDERS
WISDOM

HEAVENS
EARTH
WATERS
GREAT LIGHTS
SUN
RULE BY DAY
MOON

STARS
NIGHT
SMOTE EGYPT
FIRSTBORN
BROUGHT
ISRAEL
STRONG HAND

```
R  S  G  I  L  G  H  T  H  G  I  N  H  S  R  A  T  S  T  P
U  M  E  B  R  C  Y  I  S  D  O  M  E  T  A  R  T  N  M  Y
L  O  N  E  R  E  T  H  S  U  O  N  A  R  E  A  D  E  A  G
Y  T  D  U  R  O  W  O  N  R  A  E  N  O  R  S  R  N  H  T
B  E  W  I  S  D  U  S  M  O  A  D  E  N  G  C  E  D  A  E
B  E  K  S  A  H  T  G  H  T  A  E  V  G  Y  H  T  U  N  N
A  G  S  E  W  H  A  H  H  B  G  I  L  H  G  I  H  R  S  O
D  Y  R  A  R  E  O  R  A  T  R  A  E  A  E  S  G  E  K  O
S  P  T  E  R  S  L  O  R  D  N  O  W  N  U  R  U  T  N  M
T  T  S  U  N  W  A  T  E  S  R  E  U  D  U  E  O  H  A  A
H  G  I  L  T  F  I  R  S  T  B  O  R  N  B  A  F  O  U  Y
G  N  O  O  J  S  T  A  S  R  O  O  R  E  V  E  R  O  F  A
I  O  Y  S  N  E  V  A  E  H  U  M  S  A  E  L  R  S  I  D
L  R  P  E  A  A  T  E  R  G  N  O  P  K  I  N  E  R  C  Y
T  O  T  R  A  E  I  G  H  T  Y  D  W  O  N  O  M  O  W  B
A  F  E  T  T  R  S  K  N  R  C  S  I  L  T  A  C  O  I  E
E  K  S  O  L  T  T  H  A  M  E  I  G  H  T  S  H  W  S  L
R  N  M  H  V  H  T  H  G  I  H  W  H  O  J  P  E  T  D  U
G  A  S  R  E  T  A  W  A  T  E  G  R  T  A  S  T  S  A  R
T  H  T  R  A  W  O  N  D  E  R  S  D  O  R  N  E  T  O  M
```

PSALM 136

HIM
DIVIDED
RED SEA
ISRAEL
PASS
MIDST
OVERTHREW
ENDURETH

PHARAOH
PEOPLE
WILDERNESS
SMOTE
GREAT KINGS
GAVE
LORD

HERITAGE
REMEMBERED
REDEEMED
ENEMIES
FOOD
THANKS
MERCY

```
C S E M R C Y C R E M E D L E A R S I L
D M A S H E R I T A G E N E W E E R H T
U O T O M S E Y C G S S E P H L D O O F
R T A G E D E M E E D E R A A I I V D T
E E T H E N D U R E T H E T I S V G H E
T N R E M E M B E R E D M A C R S A E A
H K E R E B L U S E A H O S M A N V S E
N S M N E P H O R B S I T E O K T K S S
E S E D N M O P R E M M I R S I L I D D
M E M U E I A S S D S E N I K L I N E E
I N A H M D N T D K I D I V I D E D E R
E R N T I R E I N F E W I S S E N E M S
S E K E E E S A T A V E E M E R O P M I
D D S M S H K P E A A B G R E T A I I K
E L B A S S E N E R G E R M H E R N D I
E I O M N O R A H P F E E E D T I G S N
D W S A P S G N I K T A E R G A R S T S
E N H L E R H T E V O V E N E E A E R G
M T E T E G R E K H O A R A H P E L V E
E N D T H U R E B M E G L E P O E P E O
```

LUKE 4:1-4 TEMPTATION OF JESUS

JESUS   DEVIL   STONE
FULL   EAT   BREAD
HOLY GHOST   NOTHING   WRITTEN
SPIRIT   AFTERWARDS   MAN
WILDERNESS   HUNGERED   SHALL NOT
FORTY DAYS   SON OF GOD   LIVE
TEMPTED   COMMAND   BREAD ALONE

```
S  R  E  D  L  I  W  O  N  E  T  S  G  N  I  H  T  O  N  A
S  T  O  C  M  M  A  N  C  O  M  M  A  N  D  I  F  F  O  W
T  E  O  N  E  T  T  D  E  G  E  R  N  U  H  N  U  E  T  I
O  B  W  N  G  E  R  R  A  L  I  V  E  R  O  L  L  V  G  L
N  R  A  S  E  V  O  D  T  O  N  S  H  A  L  H  S  O  N  D
W  E  R  D  V  I  F  A  E  B  S  O  N  O  F  G  O  D  I  E
R  A  V  S  T  L  D  E  D  T  L  A  R  B  D  A  E  I  R  R
I  D  I  H  O  N  A  R  A  S  P  O  N  E  H  T  O  N  W  N
T  A  L  A  H  S  Y  B  Y  S  E  M  N  R  E  I  N  G  L  E
T  L  F  L  I  L  S  E  R  N  E  S  E  L  I  W  R  I  T  S
E  O  O  L  W  D  S  D  R  A  W  R  E  T  F  A  I  I  T  S
N  N  R  N  E  D  R  I  T  S  O  H  S  M  O  H  R  T  E  W
N  E  Y  O  H  E  S  T  U  F  Y  O  A  E  E  I  E  T  N  I
A  S  T  T  T  R  P  I  L  U  H  L  R  S  P  M  G  E  N  S
M  A  D  I  N  E  I  R  L  G  F  O  R  S  Y  O  T  A  E  S
M  A  N  O  L  G  O  R  Y  E  M  L  Y  T  U  A  C  N  V  I
O  H  T  R  A  N  F  L  T  A  O  I  A  D  T  S  W  M  I  V
L  U  F  Y  H  U  O  O  R  D  C  V  D  E  P  M  E  L  L  E
L  O  P  O  S  H  G  E  R  E  A  E  E  V  U  S  E  J  A  L
U  F  O  R  T  Y  D  A  Y  S  E  D  R  B  A  R  E  D  V  I
```

Luke 4:4-13 TEMPTATION OF JESUS

EVERY	GLORY	THY GOD
WORD	DELIVERED	JERUSALEM
GOD	GET THEE	CAST
MOUNTAIN	BEHIND	WRITTEN
KINGDOMS	SATAN	NOT TEMPT
WORLD	WORSHIP	TEMPTATION
POWER	THE LORD	DEPARTED

```
N W R W O R S H I P S R O W A T S A C D
E R I D G N I K O A T N O I H D A A G L
T I B D N O A M T N I H B E L E S L R I
W T T E I I S O H P S A T R M L O R Y V
D T E P P T W U E I T H O P B I D U K E
R E M A L A O E L H E W T T H V E S I L
O N I R E T I B O S V L A H P E V A N I
M A O T E P H A R G R D T Y I R I M G V
E I N E S M S T D O Y R I G S E L W D L
L N T D A E T E G D E O O O H D P O O A
A R T L I T V G L O R Y N D R N T I M S
S L E E E A E M A S R U E J O A E H S U
U D N M L T V O N O T T E M P T P S H P
R W T E T L I U T L S H T Y P I N N I M
E P H H E B N Y A M O U N T A I N O N E
J U E U D C A R M A W O B E N I H J E T
M E V R O M S E A T P M E D N I H E B R
E V O I T T E V T A I N T N U O M W L A
L W R A N I H E O R Y R O L E H T O E P
A D R O S A T A N T E M P R E W O P D E
```

GENESIS 19:17-26
LOT'S WIFE TURNED INTO PILLAR OF SALT

ESCAPE
LOOK NOT
BEHIND
NEITHER
STAY
PLAIN
MOUNTAIN

CONSUMED
SERVANT
GRACE
MERCY
OVERTHROW
ZOAR
LORD

BRIMSTONE
FIRE
SODOM
GOMORRAH
WIFE
LOOKED BACK
PILLAR OF SALT

```
S U M E D B N E I T H E R A M O S M O C
M T S M I R A E N O T S M I R B I F O U
E O N E H A R R O M O G R B D N A N C E
R H T L A K C A B D E K O O L I S F S U
C A S E T R L O K D L Y A T M U E C M S
Y R A U H O W O E B O N E S M I A D E N
E R L O U O N I A C R O T E W P R A I N
C O U D N E M A T K D T D O E O R A A O
O S M E F A P E S E L R A Z O M L C I C
N E A I N V I L L A A R N R G P S H E B
I A W T B R I M S E R V I A C E Y C R E
P L T N A E S F W N N A A O G K E C K H
S O D O M S O O U O M Y T M R D O S A I
E I O K D R R T N T A W N P A C S T B N
R A O E A H N E I N R O U O C L K A R D
I T N L T O T S R A H T O R E O O Y E L
F U L R E I R E B V E S M C R E V O S L
O I E N T A H A O R R T O N K O O L T I
P V I O O T H E R E H T I E T N A V N P
O A O Z E I W O R S H T R A C T L A A S
```

GENESIS 22:1-13 ABRAHAM TEMPTED

GOD

TEMPT

ABRAHAM

ISAAC

MORIAH

WOOD

BURNT OFFERING

PLACE

ABIDE

YONDER

WORSHIP

LAID

KNIFE

FATHER

LAMB

TOGETHER

BOUND

SLAY

LAY NOT

ONLY SON

RAM

```
O T C T O G E T H E R H A I R B L Y H W
G M E A A C R E H T D N U O B M A O G O
T P T L F H N R Y O N R E D E F P N E O
H R Y A A I I A N R S I N K A I N D T D
E E O Y T D R M T U L W O O H U R E O H
R D N N R E F O B L A M Y S N T R R T E
G G U O W N H I P I Y E R U R A E S A R
O N O T R O S G O D N O Y B R E H T A F
T I B E I S I O R O W O R S I P I B M A
P R K N F Y T M I P O A I D E D T S L T
M E T M B L M E H S R B D I A H E H I E
H F M D A N A H E T G T R R R O M W P G
A F A R I O C O M O E H E P K D P O R B
M O H E R B M O R I A H Y A N N T H S N
P T T E G A O F I N G C A L I U N I C U
T N A H H O L M R E C F E S F O D P A O
M R M A Y A F H D L A I N K E T E F A Y
E U R R M D E I I P E C A G N I R F S L
T B O B O I B A A D O O E C A L P O I O
A Y N O H A I R L A M K N I S C A S O N
```

MOUNTAINS AND HILLS

HOREB   GEREZIM   GILEAD
HERMON   TABOR   TAURUS
CARMEL   SEIR   SINAI
GILBOA   HOR   EBAL
NEBO   ARARAT   ABARIM
EPHRAIM   MT OF OLIVES   LEBANON

```
E M I Z E P H R A I M R U S A I M R A C
B I E S R T A U R U S A U R A L T O C H
O G F O T M S E V M I R B E L A A R A B
H E R N O M E L T A R N N E B E R O R O
A R R L E M E A I R O S R O G E R Z M R
M E V I L O R I A N N I R I D A E N E M
T Z I M R A I M A B O R A T A E G I L E
F I N S R A I B E O L A B D A B E G I L
O M E A A T E B A B O R R U T A L E T S
A C L O M L R E H E A L I G D L A E B E
R E P H O R G Z E N O M R E H E Z M I V
A R G N E G O B M S I E T M O L S E V I
I B I B R I A R M I A B S U R I V T A L
M E L O R L N O R E R U T U E B A T R O
I A E R M B M S E B O A O L B A T A O F
A C A L E O N M I A F T B I C K E R A O
R B D S V A H R R T R U N A H R A O B T
G E R L O C A M A I O M E V E M O H I M
I B O O U F N A E O T I A N I S Z R E G
L O A N T O I S I G O T H E S R A T R A
```

E's OF THE BIBLE

EARTH
EARTHQUAKE
ELECT
EAST
ENDLESS
ENDURE
ENJOY

ENOUGH
EXALT
EXCEEDING
EVERMORE
EVIL
ETERNITY
EVENING

ESTEEM
EPISTLE
EQUAL
ESCAPE
ESTABLISH
EVER
EXAMPLE

```
D  T  C  E  L  Y  T  I  N  R  E  T  E  U  E  V  I  L  F  B
U  E  L  P  M  A  X  E  Y  S  Q  I  S  T  L  E  I  P  E  A
R  E  S  C  A  P  E  Y  T  I  U  A  L  M  V  D  N  A  A  N
E  X  N  I  R  E  T  E  I  S  A  E  F  E  A  T  S  U  S  N
N  A  S  T  Y  O  E  R  N  A  L  I  N  Q  E  T  E  R  T  E
D  L  S  I  N  M  S  E  L  T  T  I  L  U  A  Q  T  S  E  R
Q  P  H  L  E  B  A  M  E  E  N  E  S  T  A  B  L  I  S  H
U  E  V  E  V  E  R  O  R  G  O  Y  S  S  E  L  D  N  E  E
A  L  E  R  E  T  X  A  N  O  J  S  I  L  B  E  L  P  N  A
K  T  E  X  C  E  E  D  I  N  G  H  S  T  L  E  E  P  D  S
E  S  Y  O  J  A  N  U  T  E  L  E  C  T  E  R  O  M  U  O
R  I  E  N  Y  S  O  T  Y  K  E  V  O  U  V  E  R  E  R  Y
H  P  I  O  N  E  L  A  T  A  V  E  H  G  Y  O  J  N  E  J
G  E  E  M  D  B  E  J  O  U  L  R  E  N  O  G  H  L  T  N
U  A  S  E  O  X  S  T  Y  Q  E  M  R  A  H  N  I  A  X  E
O  V  T  C  A  A  S  O  T  H  C  O  T  E  S  T  O  O  L  L
N  C  R  L  U  D  T  E  H  T  T  R  H  R  O  R  R  E  R  A
E  U  T  O  I  N  D  W  O  R  A  E  S  T  I  L  B  A  V  C
P  E  O  P  L  E  L  R  F  A  S  T  R  E  V  M  E  Y  E  H
E  V  I  S  E  P  A  C  L  E  S  S  B  L  A  S  E  A  R  H
```

P's OF THE BIBLE

PRAISE

PREACH

POVERTY

PERISH

PLEASURE

POWDER

PEOPLE

PLEAD

POISON

PLAGUE

POWER

PARABLE

PROPHET

PATIENCE

PERSECUTE

PRAY

PITCHER

PARDON

PEARL

POOR

PEACE

```
O P P A R A B L E E T U C E U G A L P A
I A P R R N O D C U T E P E R S N E O E
R S I A R P R Y E T P R A I S E T I W L
E A P R P R O E P R I A R E W O S T E P
L D I I E A P L E E S P E A R L A O R S
Y A T O C Y N A O P L E P O E P O P S U
A P C I S O C O E A P O V E R T Y A M R
A A H O P H N O S B E A R L H C T I P E
R R E C A P U P U T E H P O R P D O O W
P E R H E R U A L E T R E P R E W O A O
E L A R P A O T D E Y C V O P D I E L O
T B I P E E Y I A P A E C E E O L E P R
U A N A S I N E E E U G A R A P P L H E
C O N R I P O N P I G T U C O R P E E P
E R O D A O S C R D A E C E R O H C T A
S P S O C V I E E A L R P E H P O O R R
R P I N E O O S I E E U G E P C N E I L
E H O R A E P R A L E S A H S I R E P A
P E O P E R S E L P C T I E L P E A D R
Y T R E P L E A S U R E R E I P S H O D
```

F's IN THE BIBLE

FIRST
FEAST
FAMILY
FEAR
FALLING
FIELD
FIRE

FALSE
FIND
FOLLOWER
FLEE
FISH
FLOOD
FORGIVE

FINISH
FEW
FLOWER
FRUIT
FOUND
FORGIVENESS
FULFIL

```
N  E  S  F  I  H  S  G  I  V  E  R  O  F  S  S  E  N  W  O
R  I  G  N  I  L  L  A  F  L  O  D  O  O  L  R  S  T  O  W
O  F  O  L  F  E  E  R  A  E  F  E  A  T  S  R  I  F  L  E
F  I  W  L  A  L  Y  E  L  U  P  Y  E  S  A  L  E  A  F  R
L  E  A  F  M  I  F  I  N  I  S  H  E  R  N  A  U  F  I  N
N  L  G  L  G  N  E  D  A  N  E  L  P  I  H  E  S  L  A  Y
I  D  Y  O  T  O  I  S  R  G  A  F  E  W  P  M  S  E  Y  L
K  H  N  O  O  R  N  T  E  L  S  E  I  H  L  I  E  E  L  I
T  F  A  D  I  F  L  O  W  E  R  B  U  T  E  H  S  R  I  F
D  I  R  E  O  G  E  H  O  A  D  G  R  L  O  S  A  F  M  K
E  R  M  F  L  V  H  T  L  S  O  O  F  R  U  I  T  I  A  I
B  E  R  O  I  L  O  T  L  T  W  H  I  C  S  H  N  S  F  D
D  D  E  R  O  L  F  O  U  N  D  R  A  H  S  R  O  H  U  N
E  F  H  G  N  E  U  E  V  A  E  T  I  N  E  D  A  L  R  O
W  A  T  I  H  W  N  F  O  R  G  I  V  E  N  E  S  S  T  G
O  L  A  V  O  S  I  U  S  O  Y  A  W  A  D  H  A  U  S  O
L  S  F  E  T  S  N  G  F  U  L  F  I  L  F  O  F  S  A  O
F  E  I  N  T  Y  I  T  T  A  K  E  U  P  L  F  J  E  E  D
O  U  R  F  I  N  D  O  F  O  L  L  O  W  E  R  M  A  F  A
N  E  M  D  N  I  S  E  R  E  B  O  T  S  H  O  S  E  L  P
```

DANIEL 3 FIERY FURNACE

NEBUCHADNEZZAR
IMAGE
GOLD
FALL DOWN
WORSHIP
BABYLON
SHADRACH

MESHACH
ABEDNEGO
OUR GOD
DELIVER
FURNACE
SEVEN
HEATED

KING
THREE MEN
FOUR MEN
WALKING
NO HURT
FOURTH
SON OF GOD

```
N  G  I  T  H  R  E  E  M  E  N  I  K  L  A  F  N  W  O  D
Z  E  C  H  A  D  U  B  E  N  H  C  A  R  D  A  H  S  A  B
Z  A  B  R  U  O  G  M  E  S  H  A  C  H  R  U  F  E  C  A
E  T  A  U  D  L  O  W  N  A  B  E  D  N  E  G  O  M  E  B
R  E  C  L  C  A  I  S  O  N  O  F  G  O  D  R  H  T  N  Y
Y  S  D  A  H  H  C  H  S  H  A  D  O  R  E  E  K  N  O  L
B  H  S  E  V  E  A  M  E  C  C  H  U  R  E  V  I  F  E  O
A  I  H  E  T  E  A  D  R  U  V  E  R  R  E  E  N  O  E  N
B  P  I  B  E  A  N  S  N  B  O  R  G  U  R  T  G  U  R  T
L  O  N  D  A  L  E  V  R  E  U  N  O  T  H  W  N  R  H  O
E  M  A  H  C  A  S  H  E  N  Z  E  D  E  B  A  E  M  E  G
C  O  S  E  V  E  N  E  N  E  Z  Z  I  K  L  I  N  E  M  F
A  M  E  D  N  C  E  A  D  I  V  Z  A  N  G  M  E  N  G  O
N  W  O  A  O  V  P  T  R  N  I  A  E  R  T  A  H  T  O  U
R  N  R  O  L  I  Y  E  U  E  F  R  D  M  A  G  E  R  E  R
U  U  T  D  H  E  V  R  U  I  U  T  E  E  V  E  S  U  I  T
F  N  O  S  I  I  A  Y  H  H  L  L  G  O  O  D  L  O  G  H
W  O  R  S  L  M  N  W  O  D  L  L  A  F  O  H  L  F  O  L
E  O  E  E  I  O  L  N  N  W  A  L  K  I  N  G  K  L  A  W
W  B  D  N  M  F  N  O  H  U  R  T  U  T  H  I  S  S  O  U
```

MATTHEW 9:18-26 JAIRUS'S DAUGHTER

RULER
WORSHIPPED
DAUGHTER
DEAD
COME
LAY THY HAND
SHALL LIVE

JESUS
FOLLOWED
DISCIPLES
HOUSE
PEOPLE
MAID
NOT DEAD

SLEEPETH
LAUGHED
FORTH
TOOK
HAND
AROSE
FAME

```
C  I  P  I  A  M  J  E  S  U  S  L  P  D  I  A  M  L  I  W
D  I  S  C  I  P  L  E  S  I  C  S  I  F  O  E  R  W  L  N
O  C  A  D  E  D  T  O  N  K  U  O  O  Y  T  A  C  O  T  O
M  F  A  L  S  L  E  E  O  E  P  L  U  E  H  E  K  R  A  T
S  O  U  Y  L  H  Y  O  H  T  L  G  L  O  R  A  L  S  T  D
R  R  G  A  E  A  T  H  A  O  H  P  Y  Y  A  D  L  H  H  E
E  T  H  L  E  N  D  S  W  E  O  R  E  V  I  L  L  I  E  A
W  H  A  N  P  V  W  E  D  E  V  E  V  O  R  A  L  P  W  D
O  I  R  U  E  I  D  U  P  E  O  P  I  I  A  M  E  P  Y  A
R  P  O  U  T  L  R  E  V  I  D  E  L  H  O  U  S  E  N  A
S  H  S  A  H  L  H  I  P  N  W  O  L  S  F  O  L  D  E  W
D  U  E  T  H  G  U  A  A  D  I  S  L  E  D  E  S  U  O  H
N  A  H  S  U  O  H  H  E  P  I  C  A  R  O  E  S  T  E  P
A  L  G  A  U  G  Y  H  Y  L  E  S  H  D  L  E  D  H  E  E
H  Y  L  I  H  H  G  C  O  U  N  T  S  L  E  W  O  L  L  O
H  T  A  E  T  U  O  R  U  L  E  R  E  P  E  U  O  L  D  E
D  Y  A  Y  A  E  M  L  P  D  A  U  G  H  T  E  R  F  A  L
E  E  A  L  G  N  H  E  U  S  D  O  O  R  U  A  I  S  E  P
M  L  H  A  I  N  D  O  C  O  M  E  U  E  G  R  A  A  D  U
O  C  G  U  P  S  R  W  Y  T  U  D  R  F  A  M  E  T  S  J
```

GENESIS 25:25-34
ESAU SELLS HIS BIRTHRIGHT

ESAU
JACOB
ISAAC
THREE SCORE
HUNTER
FIELD
DWELLING

TENTS
FAINT
FEED
SELL
BIRTHRIGHT
BEHOLD
POINT

DIE
SWEAR
SOLD
GAVE
BREAD
POTTAGE
DESPISED

```
T  H  R  E  E  S  C  O  R  E  L  L  E  W  D  I  N  G  A  O
L  L  S  E  R  P  O  C  S  L  D  F  A  I  W  N  T  V  E  L
O  O  S  W  E  A  R  A  S  I  G  A  V  S  E  B  E  S  S  D
P  W  V  A  E  E  S  B  E  D  I  E  E  L  R  U  L  A  I
O  B  R  E  A  G  L  C  E  F  E  N  I  D  L  A  E  S  U  E
I  H  U  N  A  R  A  A  H  T  S  T  R  A  I  D  I  N  T  F
N  R  E  T  V  A  G  D  O  H  P  F  E  E  N  D  A  F  E  O
T  N  T  T  E  R  A  E  L  R  I  D  W  E  G  A  I  I  T  L
P  O  I  H  N  T  V  I  D  E  S  S  E  D  E  E  D  E  R  D
P  L  A  G  I  F  E  S  A  E  E  N  V  L  D  E  S  L  I  H
S  D  F  I  A  I  E  L  D  S  D  R  A  O  B  E  A  D  B  E
C  N  S  R  E  O  C  A  J  E  U  J  H  S  I  D  E  E  F  B
O  S  E  H  S  A  E  A  E  L  T  A  L  B  R  E  D  E  R  S
R  E  R  T  O  R  C  O  B  L  E  C  O  C  T  O  D  S  I  I
S  R  I  R  B  B  R  E  D  A  J  R  H  B  A  C  K  U  G  O
T  O  G  I  O  E  T  N  I  A  A  A  E  S  C  A  I  G  H  N
N  E  C  B  I  R  H  T  C  D  D  I  B  T  A  A  S  E  T  T
E  R  O  A  P  O  I  B  O  L  I  D  L  O  N  T  N  I  N  I
T  H  R  E  J  A  C  O  B  I  E  R  E  T  N  U  S  U  L  O
R  O  C  S  E  L  L  I  C  O  R  I  N  E  D  A  H  S  D  P
```

1 SAMUEL 3 GOD CALLS SAMUEL

CHILD
SAMUEL
MINISTERED
LORD
ELI
EYES
DIM

ASLEEP
CALLED
HERE I AM
CALLED NOT
AROSE
LIE DOWN
YET AGAIN

ANSWERED
PERCEIVED
SPEAK
SERVANT
HEARETH
CAME
TINGLE

```
I  A  G  T  E  I  D  L  I  E  D  O  W  N  E  L  G  N  I  E
A  S  A  M  U  E  L  N  I  D  A  M  E  T  D  H  N  E  L  G
L  L  E  D  A  S  M  I  E  Y  E  S  P  E  S  N  A  I  A  M
H  I  L  D  N  H  C  N  S  E  O  R  L  R  W  E  D  O  W  T
E  U  M  A  S  A  A  I  P  E  R  L  E  D  L  I  H  C  S  V
A  S  A  L  W  P  M  S  A  K  A  E  S  P  E  R  E  W  S  A
R  A  S  P  E  E  E  T  E  C  E  I  V  E  D  H  E  T  E  N
E  M  L  S  R  E  A  E  T  H  M  D  S  T  E  R  O  D  O  T
T  L  E  A  E  P  P  R  D  L  I  H  E  R  A  N  T  E  R  S
H  E  E  M  D  E  L  E  L  O  N  C  E  A  D  L  L  R  E  P
C  U  P  I  S  I  V  E  D  R  I  I  L  E  W  S  Y  E  R  E
G  O  C  A  R  I  I  W  O  D  A  W  L  R  V  A  N  T  L  A
N  N  E  L  E  L  E  N  A  M  E  L  A  K  R  E  P  S  I  K
I  D  I  C  E  D  I  R  E  I  A  E  C  A  L  T  I  I  N  G
L  A  R  A  P  A  S  A  M  C  U  I  S  I  N  I  M  N  O  T
L  E  E  M  G  O  T  R  P  E  I  V  G  A  W  V  A  I  L  I
P  O  P  A  R  C  E  Y  G  N  A  E  V  R  E  I  A  M  A  N
O  U  T  D  R  E  R  T  E  A  I  R  N  M  Y  E  H  I  L  G
S  E  O  R  A  R  O  S  E  R  E  T  H  I  E  E  S  R  D  L
Y  E  O  S  R  G  N  I  C  S  A  L  E  D  I  Y  S  L  E  E
```

RIVERS, BROOKS AND SEAS OF THE BIBLE

JORDAN
EUPHRATES
ABANA
ARNON
NILE
GIHON
GOZAN

JABBOK
KISHON
KURN
LEONTES
ORANTES
PHARPAR
TIGRIS

YARMUK
KANAH
ZERED
DEAD SEA
RED SEA
GREAT SEA
SEA OF GALILEE

```
J N R U S E T R H P Y A R I L E L I N D
G I H O N J A B B K A N A H A B P S E E
R U K S I R G E A I T O R G S H A A D A
A D E A D S E A K N A H O T S I R G I T
T E S L E A N L B A O Z R G M U K S I E
O A L I L A G F E Y A R M E D K O G A S
R O R A D T E S O N U K E N A D R O J E
A O Z E R O D A N S A E S T A E R G O A
N I E Y U E P H R A Y T E S H O N U R O
T L R O R P H R A R A N O H N S I K N F
E D E U T N A E O N R I S E T O R E A G
S A D R E P S S E U M O A E R E N E D A
S E T A R I T E H P U E N A K Y A R E L
I P H A E O N T A R K U O K J A B B A I
R A H A K N O N E A D S N O E A G A L L
T P E T O R A O R G E R E B E R G R A E
I S A H K A N E A B U N O B P O I T N E
G Z S U R E Z L U K R O Z A Z Z H E A N
U I R E U P H R A T E S A J O A N S B A
K U M Y A R A B O G Z A N O H N O L A D
```

Answers

BOOKS OF THE OLD TESTAMENT

BOOKS OF THE OLD TESTAMENT

EXODUS 4:1-5 MOSES' ROD AND SERPENT

GENESIS 37:5-10 JOSEPH'S DREAM

EXODUS 14
PARTING THE RED SEA

```
H C A U S E D L H R E A R S I F O N E R
O A H R A H C E T E E S N E M E S R O H
D U N A T H H A E T E T E U G N O R T S
D A S E A R R N U H T M T A C U S E D
V E D R G I I S R R E S R E T W N G I K
E E F L E O I U N B L O R D A Y R R I
D N R T A W T F T E S S E O R P U G E N
E B D R A O S R T T T H E T U W L Y G
D I E A E R G N E H U R S E T P O R P
B E V N T K V E Y P G E A S A E E L F U
H L E E B A I R P U R N U E D N A L Y D
O V I E E A D D E R S T R R G D E I D E
R E L A N N E L T T O G C A L L S V E U
E D E H A D D I I A M N H L F D E W S S
S A B L E S R H H O E A I O L E S R A R
Y A Y V R E Y C H A R I O T S S R O U U
R R L E W S R S H C S T D E E U O K C P
D E T W O O O L N R T E S D N A H C U Y
B A C O R M N E E I A H N A W T E A R G
W G Y T I A N D N I W T S A E C A B D E
```

JUDGES 7:1-7
GIDEON AND THE 300

```
H I N E D B O U T H R E E H A N B O M M
T H H A N D E T H T D I A R F A O U I O
U T A U T E R U R E R H T E R A W D D U
O G I D E O N I E P I T H E A A I H I T
M I D I W A O T E N N E L U I A P P A L
A T E R O I E E H P K P R D N N A S E A
T H W O B E D R U A A N I E T L E T P
N I R U T E R T N L T A T M A O O T E P
K N H T E D A D E N E O T E O L I F E
F E A D V D N W R I U O H S M T A U T
N U M I N N E A E I U E M O S A N E L H
I T L B O A R L D E O I E U L N N E R E
R E H O M S E T R M H E O N I Y L D A E
D R T W A U A D E L I H A N K N E U E S
E E U E N O A W V E T N L U F R A E F I
A F O A U H A N E H A R N N V R I L E D
R E M N F T N A R M O U I E E C A L P I
F R D U E N H E E R H T N T P O C W L A
U T E R W E G I D E O E E E H O A N O N
L A R P E T H A N N D R I N H T E W O D
```

JUDGES 7:8-23
GIDEON AND 300

```
G R O U N D E L I V H A R U H A R U H T
R R P M U L T I T U D E D E U S U R E E
A E P U T E P L E P O E P O L B R O L O
S T E L T S E N O E D P U E E L O R U P
S E R T H W S E T R T H R R O O T N A L
H U S I R O D R D E D U S L O W A T C E
O T U T E R T L U M E G U H R E P O H S
P U N A I D I M I D N N E C U A L L U M
P D R A I M E N T D E E D T N A V R I I
E E E E V N O E D I H R N A I D I D E D
R U M P E R H P E T T T S W E D G C I
S S A R G I E S R A G R E L F A E R D A
D E R D E L I S E T N A V R N M A E R O
I F E E O P L T V C E D A I N E R E E E
M L R H A A E R I A R G T R U S V S M N
F L S W U H P E L H T E P O H I A E D
N S L T R U M P E T S L A U V I C U A A
A T C I D E U S D E R D N U H E E R H T
V I S T E T R U M P A N E H T H R E E
V E R E G I D E O N R M A E D L F E A R
```

1 SAMUEL 18:1-9
DAVID AND JONATHAN

```
B T A N D S U O N E T H O U S A N D S W
V O B I R C S A S A E O U L A S N L D A
E M W I S E L Y M E N U M B E C A A V R
D E O R A W R O F T S A N D U V E A D
J N M O Y W A R D B H D O M R I O R W F
O I E F L A I E T E O N E E D N G D R O
N S N I E R B O H D U A T E E N H T O R
A S A U S I N W A R S H G N I K I N T G
T I I A R A J O N C A R A G D R O T H H
H N I C A W E M N S N T N E M E N E F T
A G S H G N I C N A D I V D A T E Y D E
N A N D S S U O H T S L A U G H T E R R
C M E N O F W A R A G P L E A U L S W O
I E N O J O R Y E D E S A E L P S I D S
N N A N D E Y E A V I D R A D E L S I W
D T T H A N N D R A W R O F M E V A S L
R S O L V I N I G P U L L W O R D V O P M
O R U G N I K I N G D O M R A W R O L O
W A R A G N I O M A S L T H G U A Y L D
S T N E K I N G D S T N E M R A G R A G
```

2 KINGS 5
NAAMAN'S LEPROSY

2 KINGS 5
NAAMAN'S LEPROSY

PSALM 100

BIBLE GEOGRAPHY

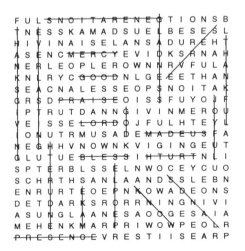

G's OF THE BIBLE

```
S E N G O O D L L A G T G U I L S S E L
S N S U O I O N O L G A T H E C A R G E
E Y E L E P O R S U O I R O L G H T A G
G O S D N E Y F I R O L G R O L G O R Y
L R S G R A C S U O I A R G O D A G N P
A C E A D A R O S S E N G O D E N A E E
D O L D E L G U S E N D A D M E N T D L
S I T C A R S U O I L L R H E A D H E P
S A L I R B O Y F I R I D E D E N E P S
E U L O U O U N N E N E A G L O R O O
N I U U C A V E N A R G O D L Y E A R G
S O G A I W S R G O U S G R A C A R O L
S U R R O S A L L S T A O O L A R G O O
E G S G U G Y S S R N N O O S R O O M R
N R I A S G R A E P E L S L E F G E D Y
D A C O E A O E N D M P E O P A E L E U
A E A B V E L G L A R S N D O O G L N E
L V E E R G A T H E A U G L A C O I V A
G A S S E N D O O G G A L O E L L A A L
B R O T R E H S P E L S O G I U G L G Y
```

WOMEN OF THE BIBLE

```
E Z E B M A R T H A I D R E S T H H D L
V I P O H A J T G A H A M A I R I M Y
H L D P U R A U U A T U R A R A H A I D
A P I G A H I D D R A T A G A O P P I Z
K A A A U R R I E R A G A H R A H I I
E H A R A O A T T H A M A R T A S P I L
B A H N I D I H H A E A U T H H P I T H
P R H O D A L V E N V R J H T E B A Z A
R A C H L E T E L I S A B E T H R H A P
I C I L L R E H T S I M T V E R Y I L R
A A K V E E V A M A I H I P P O R C S I
R J U D T H I D L Y D I A R T H A N I D
I U Z I L T O P P I Z T H A R A M R I H
H D T E B S L E H E T S E U J D I T H I
P H A G A E R U A L L I C S I R P O T D
P T A M H M A R T A E K A H T E B G U Y
A I Z C A I M L I Z P A H A K E B E R A
S H A L E A R H A R O P P I Z I S V C I
I R L I R S T A R A M A R I H A V E I D
L B E T H A Z I L E A H O A L A P D P L
```

BOOKS OF THE NEW TESTAMENT

```
2 T H E S S A L O N I A N S E S N A I S
M A T T W E H M O R A N A R K R A M S T
P H I L I P P I A N S P H I U P A A N A
M A N S M O R C 1 H O S C O L R O T A C
T T I U L U K C T S L S O A S E H T 2 A
T E R K S N A I H L O C R H A I N H K U
H K O R O M M N E O S A I N N S K E U L
E U C O L O S S I A N S N H P E E W E K
S B 2 S I L P H 1 L A H H E W H T A M A
S M A N S O S S N A I L T A I P H I C C
A A A A R N N G A L O N I S S E H T 1 S
L T N I K I A E W E A S S P P I S E H T
O T S H E S I S N A I H E W S N A M O R
N W E T H E S M A T T H I A O A G A L A
I E I N T H E G A L A T N I R O C O L N
A H A I H T H A G A L A T I A N S N S S
N R O R I H P L U E K U S N O I N O N R
S C O O L S E A W H T 1 H T 2 E N I N O
O O 1 C O R I N T H I A N S O J S A L C
J O H 2 1 H N S H O J O H N H O E H T 2
```

BOOKS OF THE NEW TESTAMENT

```
P H I L T I S U T N J O H O U D E H O J
H E U D S W E R B N H O J 1 R B E W 1 O
A N 1 T I M O N 2 J O H N J O T M I T 2
M O P E T R E J A S E M A O 3 T I M O
E I E H E B M I T T H Y P H J I L E M N
M T T J U D E A T E R T E P O U D E O O
O A H 3 M I T 2 H I L E M I H L E I T I
N L O H 2 P E B N O J H N T N O M H H V
E E J N W E R 2 O O I L M O N I H P Y E
S V 3 J S E O J 1 N O I T A V E L V E R
R E H O W J 3 O T E E P 1 V E 3 U R O F
M R N S E 3 J M M I R H I N H O D J 2 R
A T H Y R H O T O T E E P 1 A S E A T E
J O N U B M N B E H I I E U T I T M E P
T I E D E A B L E A E L T P M E O E R E
E M T L H N C S O B P M E N O L M S V E
R O I H Y I U E O K 2 P R T E R I Q A L
E H S I U T I T M A Y H T O M I T 2 T I
P J A M E M E S T I N B E W U 1 U N O
2 S E Z T S M A J U T O H R S S D J E U
```

55

MATTHEW 7:24-27
HOUSE ON THE ROCK AND SAND

MATTHEW 8:23-27
CALMED STORM ON SEA OF GALILEE

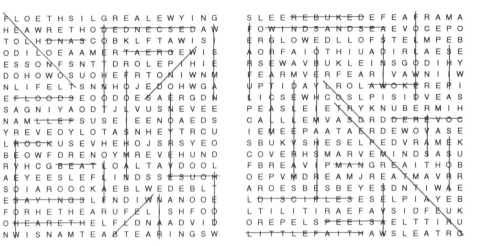

MATTHEW 10:1-4
TWELVE DISCIPLES

MATTHEW 13:3-9
PARABLE OF THE SOWER

MATTHEW 13:18-23
JESUS EXPLAINS PARABLE OF THE SOWER

MATTHEW 14:22-28
JESUS WALKED ON WATER

MATTHEW 14:29-33

MARK 1:29-31
PETER'S WIFE'S MOTHER HEALED

57

MARK 2:1-12
PARALYTIC CURED

```
P A B R O K E N E N O R B S E B I R O S
A I O N A M O O R O N R C S U I V E N C
L N O V E R E D W A L N A E B I R A E R
C A P E R N A U M N R E P R E P E S R P
G A A T H E R I U L P O E P O R A O O R
P A L Y S H I N A E J A R A N E N N O E
N O S A E T C A N F E F A L L A I T I
E O Y I V R O R I S A I S Y C N N A F
K M N N E A I L E E U H T I S H O G E I
O E A S B F P G O D S A E C L E S E A A
B R D R O S E L A W A L B E A D O E M T
E A E O S G L O R P I E D S B B E A R I
S I R S I R A R I S E A E O U N A E N
A T E E R P F I V E N D R M E Y V E V G
L H Y S A C H F I N D M E A C S I C K S
K E O C R A D I S D E U H E P G N N C A
R H C R L P R E U I I F T R N A K I N E
O T N I E S E D S E R I A M O O N L U R
L A U B A M O F E J O L G O E S O R A A
G G R O F O R G I V E N O N R O H T I W
```

LUKE 5:1-11 DRAUGHT OF
FISHES

```
L A K P I H S R E H T O S T H C N U A L
U E N E A K E S O W T S R A U N C A E
F E A R N O T H N H O M T L A K R T
I E L P E T E E E D E D O H C L E M B Y
S I A L R I M H H S I M N O M L T I E N
L E T E P H I L U E B S P I O N U T A W
U C T A C P A S P L R A E W G I D E K O
F M E T W O S I E R A I T I H G I G E D
N E A O W A O M O O K D E T L H A N R T
I C H I S H S A W E N R U H T R N H
S L T D L E W O D I G H T D N O B H I R
T I O F I S H E S I F I S W A E F S T U
A M B I N E H D W B I B O M H C T A H S
D B D F E S T U A O L D S E D R O W G T
E L E I L H G T S T S F N T W O S H U
L E L L P F I H E S E J I A R N H R K
I S L L O I N T L S E J I A S H I I U E
O S I W E S T L N E T S U H C H W O T A
T E F O P H L U F E A T O N J E U W A R
I T U D T L U M E P S P I I S O W T R B
```

LUKE 11:5-13
FRIEND AT MIDNIGHT

```
E E P O S E R P E N T S A O S E V A O L
N O T H I N G E P I O N P O C S P N L B
E E K I N G T O N H I N G K K E E S E U
E G H N R G O O D G I F T S L R E W N A
D F O G E L O S A H T E N E O P S E V O
E I L S C O R P I O N I S H V E F R I R
T S Y E N A N I H T F T S A E A N O T T
H E S S E V A T O O G F E T O N N A C
W H P G E G E A C I F S H I P L H T E D
E T I E R G R F A T H E R R O C K N F R
R S R A I E N E O P E O C K N E N E R E
B T I E S E N L P R K N O C P E G N I
L O T R O U E B E E L B U O R T N O E D
E N O N N E Y E N E D E E N O H N T N L
O E R L E E W S E G N E E K C G A H D I
U E U B N L T E D E T E N H S C M S H
R T B R D I O V E S T O P I O N D I M C
N D U L E H N O I P C O R R E D E D I P
E O L I H C H I L D R E N I R I N O E
O U Y E N R H T N I G H D I M R I P S
```

LUKE 14:15-24
GREAT SUPPER

```
Y R G A N I K I N G D O M D E L L I H S
S A T A S T E N P O X O D E I R R A M P
B D A E R A D Y O E D G E U G R E A O O
I E S B R E A D O G P P U S E G D E H X
D N R L A M A A N K I N U A E R G P D N
R E A E A E A E X C U O O B I E O O P E
A E D S N I K R O O P O U N O P M O S O
E Y A S C O M M R D E I R A E P R U O N
Y N A E W A Y I H I G D U S E U O H O U
B I D D E N D R I B R E A E O H U L F O
I I U U S E A R G R O D Y D S M O I I R
M A D F N X R A H D E N E R H U O U R G
A A R D E N M W S A A M A S T O O E U
S M S L T D O M A K R M N G R Y E X O S
T N N L E B Y D Y I O M E M A R R I E E
E Y D E S A R B S N O O D E D Y E X O N
R N O D E B G R A M O C M A N N C U S E
B E R R O U N D U P P E R M A A N Y E D
L X G G R E A T S U P P E R M M A Y N D
E O S E D S E L B S E G R E A P P U S I
```

LUKE 15:1-7
THE LOST SHEEP

```
S H O U F R I E N D S R E D W I L S E N
I W E K I T E L I K E W I S E A M O H E
N I N E D N U H T H T I E R C J O N U E
R L O T S E P M E N D L O S E J F N D
E D R R E P E N T E T H W O O R O U D Y
N E F R I E D S H O U E D L J R Y S R N
N R O O M T J O N C O M H T E U M N E I
A N I S R E N N I S E N O E R S E E D N
H E A V E N I E N D E R L U O A L T R E
E S I N O H S U L D E R S N H T E Y A L
A S H O U L D E R S V E N N E P E E H W
N H T E R E P H U N D E R B A I W E K I
E U E A L S T O N E M O N E V O I E C O
V N Y V O E A M X O J U E R P E E H S Y
H D L E M A V E C Y O C E S I W O Y E C
U E A O E R F O U F E A V E T H E H T E
E R C E T E O U N D R E D H T E N O C A
S D A R K K U O S T O O L T N E V A O V
O N E M A I N L E A V N I A T N U O M E
L E A V E L N I N E T Y N I N E D L I W
```

JOHN 8:12-32
LIGHT OF THE WORLD

```
T A R U T H O W K E Y G H T D L R O W L
A T H N A K N O W M E E M R E W R O N K
U N D D E R S E O D K W O R R L D A E L
G D T E M E T R N O N W U N D E R K R A
S E R D A R K T O O O D I L M M A N
E S E S R O W L O F W R O E Y P E L E O
K C M T O E T H E A P L L T R U T H R I
D O O T S H G U T L P L F C I P I D U
O P P O R L G A L H E F D S P I C R T
O L L D A R U T I E N R L L A N D E O R
H E E N O W A A G R K E O C I P L E C T
T S G O U R T G H T E D W Y E F D A E H
E W I T G H T U G R A N E I T H E R G
W O L L A T H A P A F R A N C E I T E D
O R L D O S E N K R A D A R T R U E H U
L M R H N K R A D E T L N O T H N O T J
L E T S E L T U H T U R H T A D G A F N
O A E E I A J O R D W O O I L I F I E
F V S G H T U R N O T W A L K C I P L N
E E H U J U D G E M E N T U D G M E N T
```

ACTS 5:1-5
ANANIAS AND SAPPHIRA

```
S B E S T E E T S E L T S O P A A S O F
S K I B P K I E A L O S T T O P T A O A
E C A L T L D E T H D N E L P S A S I R
S A N A L P E T A R I E E M A N S R E T
S N I E S E I L N A P M F A R E E R G E
I A D L H E A R D A C O L H S H D R R A
O A E H R T D E V I T N A S R B T A E M
H O L Y G H O S T E C A G U O H E A C
A L M E H O R B A C W O D A I L E T T O
R D E R I R E A G O X R I I A B M T N
T S A P P T I S O L E O A D C I S S E C
N W O D L R V A D A A N T P K O N O A E
W T E P S A F P P I R E N L T P E K R
O E R J A E T D R F H R O I O S C A V
D E L L I U H U E I H A I S S E S A I E
L N E M O J A I L L P K C O A B O B L D
L S A U O H O A S O P E L T P E T T L E
E A O N C N N T A S A O E L L D E P O W
F R S T A N A N I A S F N O C I M E H P
B R O T H G H E A S D O O W N F A K H T
```

ACTS 5:7-11
ANANIAS AND SAPPHIRA

```
K T O G E T H E R L O H E B R C U H C R
N E T H T S O H D E I R U E E A U W R A
O M G U S T R D N A B S U H E I Y I E
W P R S T R G D E I B U R O R G A F T
H T E D R E A T E M P T L T H W E O N
O O A N A R R A C H E G O D S L O S N O
L N T A I I P E T E H T C A R R Y N K T
D G F B G T S P I L E R I T O T Y A O K
E H E H H E F I L O T R E W R R R I N
D O A U T B O L D R E Y A A E R E H N O
W S R S W E A D L D P A I A A E T G W
A T E B A H E A W T H G E Y T P G G N
Y D U I Y D T E P U H U S B F S O T O N
E R E D L E I M E B U R I E D O W I N G
A D D E Y D T S T S O H R R E T E P
T E I M L E C H U R C H T S E O E R I
B Y T P A E D G P O E P O O A Y T M T R
E E D G N R N A L E D N G L E E D E E T
Y E A R D G D E E R G A T D R G A B P I
L A N S U H E T U S K L H S U H B A N D
```

PSALM 121

LUKE 15:11-24
PRODIGAL SON

LUKE 15:25-32
PRODIGAL SON

PSALM 136

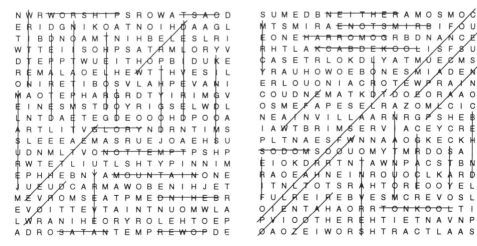

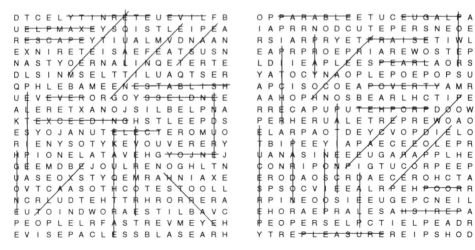

F's IN THE BIBLE

DANIEL 3 FIERY FURNACE

MATTHEW 9:18-26 JAIRUS'S DAUGHTER

GENESIS 25:25-34 ESAU SELLS HIS BIRTHRIGHT

1 SAMUEL 3
GOD CALLS SAMUEL

RIVERS, BROOKS AND SEAS OF THE BIBLE

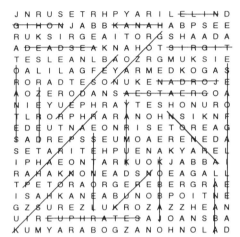